Hermann Mahler/Andreas Fisahn/
Peter Wahl/Thomas Eberhardt-Köster
EU in der Krise

W0072414

*Hermann Mahler* ist Mitglied im Koordinierungskreis von Attac (Kapitel 1).

*Thomas Eberhardt-Köster* ist Mitglied im Koordinierungskreis von Attac (Kapitel 6).

*Andreas Fisahn* ist Professor für öffentliches Recht, Mitglied im Wissenschaftlichen Beirat von Attac (Kapitel 2, 3 und 4).

*Peter Wahl* ist Vorstandsmitglied von WEED – Weltwirtschaft, Ökologie und Entwicklung, einer der Gründer von Attac Deutschland und Mitglied im Wissenschaftlichen Beirat von Attac (Kapitel 5).

AttacBasisTexte 54

# Hermann Mahler/Andreas Fisahn/ Peter Wahl/Thomas Eberhardt-Köster
## EU in der Krise
### Hintergründe, Ursachen, Alternativen

VSA: Verlag Hamburg

www.attac.de
www.vsa-verlag.de

© VSA: Verlag 2018, St. Georgs Kirchhof 6, 20099 Hamburg
Titelbild: Mathias Kirsch/photocase (mathias-the-dread@hotmail.de)
Alle Rechte vorbehalten
Druck- und Buchbindearbeiten: Beltz Grafische Betriebe GmbH,
Bad Langensalza
ISBN 978-3-89965-843-9

# Inhalt

Einleitung ............................................................................ 7

**1. Historische Wurzeln der europäischen Integration** .......... 9

1.1 Gesellschaftliche Veränderungen, Kriege und
     frühe föderalistische Ansätze ...................................... 9

1.2 Europa als Abgrenzung zur arabischen Welt und
     Machtbalance zwischen Nationalstaaten ..................... 12

1.3 Transnationale Kooperation als Voraussetzung
     wirtschaftlicher Entwicklung ...................................... 13

1.4 Gesellschaftliche Integration und
     Entstehung der Arbeiterbewegung ............................. 14

1.5 Die beiden Weltkriege und die Zwischenkriegszeit .......... 16

1.6 Europabegeisterung und reformorientierte Konzepte
     nach 1945 .................................................................. 19

1.7 Weichenstellung in Richtung
     kapitalistische Integration ......................................... 21

**2. Grundlagen: Verträge und Recht** ........................................ 24

2.1 Vertrag als Grundlage der Europäischen Union .............. 24

2.2 Von den Römischen Verträgen
     zum Lissaboner Vertrag ............................................. 26
     Die Montanunion 26 | Die EWG 27 | Die Etablierung des Binnen-
     marktes 28 | Die gemeinsame Währung 29 | Vom Scheitern des
     EU-Verfassungsvertrags nach Lissabon 30

2.3 Institutionen und Verfahren ...................................... 33

2.4 Die Wirtschaftsverfassung der EU ............................... 39

**3. Die marktradikale Ordnung der EU –
Demokratiedefizit material** ..................................................... 45

3.1 Strukturelle Fehlentscheidungen ................................ 46
     Grundfreiheiten 46 | Strukturelles Rattenrennen 50

3.2 Konstruktionsfehler ................................................... 54
    Einheitliche Währung in unterschiedlichen Nationalökono-
    mien 54 | Kapitalverkehrsfreiheit 59

**4. Mängel und Umbau der demokratischen
Entscheidungsprozesse** ............................................. 65

4.1 Demokratiedefizit – prozedural ......................................... 65

4.2 Autoritäre Wirtschaftsregierung und Maßnahmestaat .... 70
    Zentralisierung der Haushaltskontrolle 70 | Troika und autoritä-
    re Wirtschaftsregierung 74

4.3 Dublin und die vertiefte Krise der EU ................................. 76

**5. Auf der Suche nach der verlorenen Zukunft** ..................... 80

5.1 Offizielle Rettungsversuche ................................................. 82

5.2 Macron: Retter Europas? ..................................................... 83
    Macrons europapolitische Grundposition 83 | Stabilisierung der
    Eurozone 85

5.3 It's the Strukturen – stupid ................................................ 87

5.4 »Soziales Europa« – die Mohrrübe für den linken Gaul ... 90
    30 Jahre Erfolglosigkeit 91 | »Soziale Säule« als Feigenblatt 92 |
    Soziale EU – mission impossible im Rahmen der Verträge 93

5.5 Die Sehnsucht nach der Großmacht ................................... 93

5.6 Linke Kontroversen ............................................................. 97
    Ist die EU reformierbar? 98 | Nationalstaat und Supranationali-
    tät 98 | Welche Strategie? 101

5.7 Linke Strategien andernorts ............................................. 104

5.8 Ansätze für eine gemeinsame Strategie .......................... 105

**6. Wie weiter mit der EU?** ....................................... 107

Die EU in der Dauerkrise 112 | Implosion der EU-Institutionen 112 |
Schleichende Desintegration im Rahmen der EU 113 | Neugründung
der EU mit einem Nebeneinander an Integration und Desintegration 113

Literatur ................................................................. 115

# Einleitung

Wie es angesichts der multiplen Krisen mit der Europäischen Union (EU) weitergehen soll, ist Inhalt vieler Debatten. Schon bei der Bewertung der bisherigen EU-Entwicklung gehen die Meinungen auseinander: War sie von vorneherein nur auf wirtschaftliche Interessen oder waren mit ihr nicht auch Hoffnungen auf ein soziales Europa begründet? War die EU ein Friedensprojekt oder immer schon auf eine gemeinsame Militärpolitik der Mitgliedstaaten ausgerichtet? Noch vielfältiger werden die Debattenbeiträge, wenn es um die Zukunft der EU geht: Sind die aktuellen Krisen Folge einer nur halbherzigen Integration und braucht es mehr Gemeinsamkeit oder ist gerade die Integration das Problem und die Lösung liegt in der Desintegration?

Auch die Autoren dieses AttacBasisTextes sind sich nicht in allen die EU betreffenden Fragen einig. Manche Unterschiede betreffen nur Nuancen, andere sind sehr tiefgehend. Wir stellen den Leserinnen und Lesern einen Text vor, der sich trotz dieser unterschiedlichen Einschätzungen als Ganzes lesen lässt, aber nicht versucht, die Widersprüche zu überdecken. Die Kapitel wurden jeweils getrennt erstellt und im Anschluss gemeinsam diskutiert und überarbeitet. Trotzdem ist den einzelnen Teilen die unterschiedliche Autorenschaft anzumerken (die wir deshalb bei den Autorenangaben auf der Seite 2 ausgewiesen haben). Wir sehen dies nicht als Nachteil, sondern als Ausdruck des Versuches, trotz unterschiedlicher Zugänge zu einer gemeinsamen Position für unser politisches Handeln zu kommen. Und dies ist nicht zuletzt wegen des erschreckend stark anwachsenden Rechtspopulismus in Europa dringend notwendig. Angesichts der ungebrochenen neoliberalen Hegemonie auf der einen Seite und der scheinbaren Alternative der rechtspopulistischen Kräfte auf der anderen, braucht es eine Bewegung, die beidem eine Position entgegensetzt, die auf Emanzipation und Solidarität statt Herrschaft und Ausgrenzung setzt. Zu dieser wollen wir mit diesem BasisText beitragen.

Wir beginnen mit einem historischen Rückblick auf wirtschaftliche und ideengeschichtliche Wegmarken des europäischen Integrationsprozesses. Danach werden die Entstehung der EU sowie die Struktur der europäischen Institutionen sowie ihre Funktionsweise mit den ökonomischen und politischen Problemen, zu denen sie geführt haben, dargestellt. Dem folgt eine Einordnung der kontroversen Strategiediskussion zur Lösung der anhaltenden Krise der EU. Abschließend diskutieren wir die Frage, wie es mit der EU weitergehen könnte.

# 1. Historische Wurzeln der europäischen Integration

Wenn wir die Zusammenhänge der gegenwärtigen Krise verstehen und Visionen für wirtschaftliche und soziale Alternativen erarbeiten wollen, kommen wir nicht umhin, wesentliche historische Entwicklungen und Erfahrungen mit einzubeziehen.

## 1.1 Gesellschaftliche Veränderungen, Kriege und frühe föderalistische Ansätze

Europa ist – geografisch betrachtet – ein Subkontinent, der aus dem westlichen Teil der eurasischen Landmasse besteht und sich vom Ural, als östlicher Grenze, bis zur 6.000 km entfernten Atlantikküste Portugals, als westlicher Grenze, erstreckt.

Als eigenständige Form von Vergesellschaftung ist Europa das Resultat einer sich über zwei Jahrhunderte hinziehenden Migrationsbewegung, bekannt unter dem problematischen Begriff »Völkerwanderung«. Dabei entstanden zwischen dem 4. und 6. Jahrhundert komplexe und regional unterschiedliche, soziale Strukturen, mit vielfältigen ethnischen und kulturellen Einflüssen. Es entwickelten sich politische Organisationsformen, Lebensweisen und Kulturen, die trotz der Vielfalt der Bevölkerungen auch Gemeinsamkeiten aufwiesen. Diese Mischung zieht sich bis heute durch die Geschichte des Kontinents und wurde stark durch den politischen Einfluss des Christentums und seiner unterschiedlichen Kirchen geprägt.

Weitere wichtige gesellschaftliche Veränderungen entwickelten sich im europäischen Raum des Hochmittelalters (beginnend um 1100), die zu neuen Lebens- und Bewusstseinsformen führten. Ursachen waren vor allem ein starkes Bevölkerungswachstum, die damit verbundene Siedlungsverdichtung und die Entstehung von Städten, neuen Arbeits- und Anbaumethoden zur Verbesserung der Nahrungsversorgung (Pflugtechniken, Dreifelderwirtschaft), Urbarmachungen und Erschließung neuer Siedlungsgebiete, einschließlich einer großen Ausdehnung in Richtung Osten.

Der Wandel bei den Produktivkräften wirkte sich auf Handwerk, Gewerbe und Handel aus, führte zu einem Aufschwung der Geldwirtschaft sowie zu neuen Handelsrouten und einer dichteren Struktur von Märkten und Städten. Es entstand ein städtisches Bürgertum, durch den Bau von Schulen und einem wachsenden Austausch unter den Universitäten war Bildung nun nicht mehr exklusiv dem Klerus vorbehalten. Die gewachsene Bevölkerungszahl führte zur Notwendigkeit größerer Rechtssicherheit. So wurde im 13. Jahrhundert beispielsweise der Sachsenspiegel verfasst, der Recht erstmals schriftlich fixierte und in Norddeutschland verbindlich wurde. Die Ausweitung des Handels, des Verkehrs und des Städtewesens sowie die Entwicklung eines bäuerlichen Rechtsstatus und das Entstehen des mittelalterlichen Bürgerrechts, führten zu höherer Lebenserwartung. Gleichwohl war die gesellschaftliche Realität noch lange Zeit durch feudalistische Herrschaftsstrukturen, politische Repression und religiöse Unterdrückung geprägt – einschließlich Leibeigenschaft, Hexenverbrennung und Inquisition.

Der im Namen des Christentums geführte Krieg gegen den Islam zur Vertreibung der Araber von der Iberischen Halbinsel und zur Wiedereroberung Spaniens (Reconquista) sowie die Entdeckung Amerikas führten zu europäischer Expansion und Kolonialismus, mit rücksichtsloser blutiger Unterdrückung und Ausbeutung der Bevölkerung in den Kolonien, betrieben zunächst durch Spanien und Portugal, später von England, Frankreich, Holland und anderen westeuropäischen Ländern – alles mit dem Segen der katholischen Kirche.

Mit den Religionskriegen in Teilen Europas, ausgelöst durch die Kirchenspaltung und zahlreiche innereuropäische Kriege als Folge der Entstehung absolutistischer Staaten, entstanden erste Konzepte, die eine Machtbalance zur Verhinderung von Kriegen zum Ziel hatten. Mit dem Westfälischen Frieden 1648 wurden zudem die rechtliche Ordnung und neue politische Kommunikationsformen des europäischen Mächtesystems ausgehandelt. Die Friedensverträge modifizierten die Reichsverfassung in dem

Sinne, dass keine Religion mehr die andere dominieren kann und sie begründeten den modernen, souveränen Staat, indem sie festlegten, dass die Reichsfürsten, die Bildung souveräner Staaten vornehmen können und dies nicht mehr dem Kaiser vorbehalten war. Obwohl die Verträge in der Folgezeit keinen allgemeinen Frieden in Europa herbeiführten, wurden sie zur Grundlage eines neuen völkerrechtlichen Systems.

Fortgeführt wurden diese Ansätze im 1713 veröffentlichten »Traktat zum ewigen Frieden« des Abbé de Saint-Pierre. Mit ihm hoffte er, die europäischen Fürsten von der Notwendigkeit einer europäischen Föderation, zur dauerhaften Erhaltung des Friedens und gegen die Machtfülle Ludwig des XIV., zu überzeugen – als Friedensprojekt mit Vorteilen für die angestrebten 19 Mitgliedstaaten. Institutionell schlägt er die Bildung einer ständigen Allianz (Europäische Union) vor, mit Mehrheitsentscheidungen bei gleichem Stimmrecht der Mitglieder, mit Schiedssprüchen bei Streitigkeiten, sowie Garantien des Bundes für den territorialen Besitz der Mitgliedstaaten etc.

Jean-Jacques Rousseau (1756/2012) setzte sich mit dem Werk ausführlich auseinander, er war von dessen Föderationskonzept angetan und griff viele Gedanken Saint-Pierres auf. Immanuel Kant plädiert in seiner Schrift »Zum ewigen Frieden« (1795/2011) dafür, dass alle europäischen Staaten die republikanische Staatsform annehmen sollten, da diese eine Garantie für den Frieden sei und er schlägt außerdem vor: »Das Völkerrecht soll auf einen Föderalismus freier Staaten gegründet sein.« Auch der französische Schriftsteller Victor Hugo forderte in seiner Rede beim zweiten internationalen Friedenskongress 1849 in Paris die Schaffung der »Vereinigten Staaten von Europa«.[1] Allerdings blieben diese Bemühungen bei Fürsten und Königen ohne Wirkung, deren Kriegslogik triumphierte weiterhin.

---

[1] ifor-mir.ch/eroffnungsrede-von-victor-hugo-beim-pariser-friedenskongress-1849/.

## 1.2 Europa als Abgrenzung zur arabischen Welt und Machtbalance zwischen Nationalstaaten

Die Entwicklung eines europäischen Bewusstseins begann im 18. Jahrhundert in literarischen und intellektuellen Milieus. Es knüpfte an den Gedanken des christlichen Abendlandes an und war eine teilweise idealistische Reaktion auf den entstehenden Kapitalismus und Nationalstaat. Dabei trug die Abgrenzung gegenüber der arabischen Welt ausgesprochen reaktionäre Züge. Die ursprüngliche Bewunderung für die dortigen kulturellen Errungenschaften verlor sich in dem Maße, wie sich in Europa im 19. Jahrhundert durch koloniale Herrschaft, wirtschaftlichen Fortschritt und militärische Erfolge ein europäischer Überlegenheitsdünkel propagieren ließ.

Nach Benedict Anderson (2005) und Eric Hobsbawm (2005) handelt es sich bei Nationen hauptsächlich um moderne Phänomene, die meist nicht friedlich entstanden und deren innerer Zusammenhalt eine starke Abgrenzung nach außen erfordert. Durch die Verbindung von Staat und Nation, die in verschiedenen europäischen Regionen zeitversetzt im 18. und 19. Jahrhundert stattfand, verstärkte sich die Herausbildung nationaler Identitäten. Ausschlaggebend waren dafür neben einem klar definierten, geografischen und machtpolitischen Einflussbereich die ökonomische, politische, rechtliche und kulturelle Verdichtung innerhalb der Nationalstaaten.

Historische Wegmarken nationaler Integrationsprozesse waren im 18. Jahrhundert die Revolutionen in Frankreich und in Nordamerika. Die Französische Revolution war durch die Aufklärung vorbereitet worden. Aufklärerisches Denken, das sich auch in England, Holland, Deutschland, der Schweiz und in Italien entwickelt hatte, wurde zum Wegbereiter für die Ideen der Demokratie, der Menschenrechte und der Vielfalt emanzipatorischer Konzepte, auf die wir uns teilweise heute noch beziehen.

Die Impulse beider Revolutionen, der Französischen und der Nordamerikanischen, beförderten die Entwicklung moderner Nationalstaaten. Der Wiener Kongress von 1814/1815 machte deutlich, dass die Nationalstaaten der Rahmen für politisches Handeln waren, schuf aber zugleich wichtige völkerrechtliche

Verbindlichkeiten. Es gelang, in langwierigen Verhandlungen zahlreiche Interessenkonflikte und Spannungen zu lösen und das in der Ära Napoleon zerstörte europäische Staatensystem wiederherzustellen. Die Grenzen Europas wurden auf lange Zeit festgelegt, fast 40 Jahre kam es aufgrund der geschaffenen Stabilität zu keinem weiteren europaweiten Konflikt.

Zentrale Absicht des Wiener Kongresses war es, nationalistische Tendenzen und neuerliche Hegemoniebestrebungen einzelner Staaten zu verhindern, zugleich dem Selbstbestimmungsrecht der Völker und anderen revolutionären Tendenzen keinen Raum zu lassen. Der Absolutismus wurde restauriert. Die fünf Großmächte – Russland, Preußen, Österreich, Frankreich und Großbritannien –, deren Herrschaftsraum von Gibraltar im Westen bis nach Sibirien im Osten reichte, wollten Europa wieder in einer Ordnung sehen, in der demokratische Einstellungen keine Rolle spielen dürften und Kriege untereinander verhindert oder zumindest lokal eingegrenzt werden sollten.

## 1.3 Transnationale Kooperation als Voraussetzung wirtschaftlicher Entwicklung

Die Produktivkraftentwicklung im 19. Jahrhundert und die Zunahme der internationalen Wirtschaftsbeziehungen, verlangten in vielen Bereichen grenzüberschreitende Kooperationen. So entstand bereits während des Wiener Kongresses die Zentralkommission der Rheinschifffahrt und später die europäische Donaukommission, sie schufen administrative, technische und betriebliche Standards für den Schiffsverkehr. Umwälzende technische Innovationen in den Bereichen Transport und Kommunikation und die dafür notwendige Infrastruktur erforderten ebenfalls internationale Abstimmungen. So schlossen sich 22 überwiegend europäische Staaten im Weltpostverein zusammen, in denen unabhängig von bestehenden Grenzen, freie Beförderung und einheitliche Gebühren galten. Der europaweite Ausbau des Eisenbahnnetzes verlangte die Koordinierung von Fahrplänen oder einheitlichen Spurweiten. Transnationale Organisationen entstanden weiterhin im Bereich der Telekommunikation und zur Vereinheitlichung der Währungssysteme.

Voraussetzung für die Gründung europäischer Institutionen war die wirtschaftliche Dynamik, die mit der Industrialisierung in England begann und sich Jahrzehnte später in weiteren Ländern überwiegend West- und Mitteleuropas durchsetzte.

Das anhaltende Bevölkerungswachstum und die zyklischen Krisen des Kapitalismus verursachten Massenarbeitslosigkeit und stellten der Industrie nahezu unbegrenzt Arbeitskräfte zu geringen Löhnen zur Verfügung, Karl Marx sprach von der industriellen Reservearmee. Für das Bürgertum schienen sich die Versprechungen der Französischen Revolution von Freiheit und Gleichheit durchgesetzt zu haben, für die arbeitenden Klassen hatten Ausbeutung, Armut und Unterdrückung deutlich zugenommen.

Nachdem in den meisten Ländern Europas die Handelsbeschränkungen weitgehend abgebaut waren, führten die während der Industrialisierung entstandenen Produktionskapazitäten zu Überproduktion und wirtschaftlichen Krisen. Den Höhepunkt stellte die Krise von 1866 dar, die als Kreditkrise begann und anschließend in eine allgemeine Depression überging, die sämtliche Wirtschaftszweige erfasste. Insbesondere einflussreiche Teile der deutschen Industrie und der imperialistischen Eliten versuchten durch eine entsprechende Zoll- und Rüstungspolitik ihren Zugang zu Ressourcen und ihre Einflussbereiche auszuweiten. Vor allem der deutsche Versuch, sich verspätet als Kolonialmacht zu etablieren, führte zu Rivalität mit den älteren Kolonialmächten und letztlich zum Ersten Weltkrieg zwischen den imperialistischen Großmächten.

## 1.4 Gesellschaftliche Integration und Entstehung der Arbeiterbewegung

Die Lebenswirklichkeit großer Teile der Bevölkerung, die von Armut und Elend geprägt war, führte in vielen europäischen Ländern zur Gründung von Arbeiterparteien und Gewerkschaften. In einem Vereinigungsprozess war 1875 die Sozialistische Arbeiterpartei Deutschlands (SAP) gegründet worden, zuvor war bereits der gewerkschaftliche »Allgemeine Deutsche Arbeiterverband« entstanden. Durch politische Aktivitäten und

Streikaktionen gelang es ihnen, Regierung und Unternehmen zu sozialen Zugeständnissen zu zwingen. Die Entwicklung der österreichischen Sozialdemokratie verlief ähnlich wie in Deutschland mit schnellen Fortschritten in den industriellen Zentren, die französische Arbeiterbewegung litt noch lange unter ihrer Zersplitterung und den Folgen der Niederlage der Pariser Kommune, sodass grundlegende Rechte wie die Koalitionsfreiheit oder Sozialversicherungsgesetze erst vergleichsweise spät zustande kamen.

In Italien und noch mehr in Spanien war die Industrialisierung nur langsam fortgeschritten, dieser Umstand, aber auch gescheiterte bürgerliche Revolutionen und der Einfluss der autoritär ausgerichteten katholischen Kirche, führten eher zu anarchistischen und föderalistischen Organisationsformen, in Spanien noch verschärft durch die Unterdrückung der baskischen und katalanischen Minderheiten. In England war 1893 mit der Independent Labour Party (ILP) eine ansatzweise sozialistische Massenpartei entstanden, mit starker gewerkschaftlicher Verankerung, und selbst in den kleineren europäischen Staaten entfaltete sich die Arbeiterbewegung.

Nach der 1864 gegründeten und 1876 infolge interner Differenzen aufgelösten Internationalen Arbeiter-Association, entstand mit der 1889 in Paris gegründeten »Zweiten Internationale« ein neuer überstaatlicher Zusammenschluss, in deren Tradition sich die heutige »Sozialistische Internationale« sieht. Anlässlich einer Friedensdemonstration aller Parteien der Internationale im November 1912 in Basel, versicherten sich diese wechselseitig, dass sie im Falle eines Krieges für dessen rasche Beendigung eintreten würden, und noch kurz vor Kriegsbeginn kam es europaweit zu Massendemonstrationen gegen die Kriegspolitik. Als es kurz darauf zur Mobilmachung kam, folgten die gleichen Massen dem Aufruf ihrer jeweiligen Regierungen. Mit Beginn des Ersten Weltkriegs brach die Zweite Internationale 1914 auseinander, unter den legalen großen sozialistischen Parteien standen neben der englischen ILP nur die italienischen Sozialisten nicht auf der Seite ihrer Krieg führenden Regierungen. Während des Krieges waren seitens der europäischen Arbeiterbewegung eine von Klara Zetkin geleitete Frauenkonferenz und eine von Willi Münzenberg organisierte Sozialistische Jugend-Internationale nahezu die einzigen friedenspolitischen Bekundungen und praktische Zeichen internationaler Solidarität.

## 1.5 Die beiden Weltkriege und die Zwischenkriegszeit

Die Abmachungen der Pariser Friedensordnung von 1919 sowie der danach gegründete Völkerbund konnten keine Integration auf europäischer Ebene bewirken. Letzterer war von Beginn an geschwächt, da ihm Deutschland erst ab 1926, die Sowjetunion sogar erst ab 1934 angehörten und die USA ihm gar nicht erst beitraten. Der Versuch, mit dem Vertrag von Locarno von 1925 eine europäische Entspannungspolitik in Gang zu setzen, blieb weitgehend wirkungslos, selbst die wirtschaftliche Verflechtung zwischen nationalen Wirtschaftsräumen der Vorkriegszeit wurde, bis auf einige Stahlkartelle, nicht erneuert. Devisenkontrollen, Zölle sowie Mengenbegrenzungen für Ein- und Ausfuhren blockierten den Handel und der Versuch, erneut ein internationales Währungssystem einzuführen, scheiterte. Der Hang zum Protektionismus nahm durch die Weltwirtschaftskrise 1929 weiter zu.

Schrecken und Leid des Weltkriegs und die nationalistischen Spannungen aktivierten jedoch zugleich auf Frieden und Versöhnung abzielende Kräfte der Zivilgesellschaft und Teile der Wirtschaft. Vor allem zwischen Deutschland und Frankreich entstanden kleinere kulturelle Vereinigungen und ein Austausch auf akademischer Ebene, aber auch die II. Sozialistische Internationale wurde reaktiviert und liberale und katholische Parteien kooperierten ebenfalls wieder.

Besondere Bedeutung erlangte ein 1922 veröffentlichter Text des österreichischen Grafen Richard Nikolaus Coudenhove-Kalergi mit dem Titel »Paneuropa. Ein Vorschlag«,[2] in dem er fest-

---

[2] 1922 gleichzeitig in der Wiener Neuen Freien Presse und in der Vossischen Zeitung in Berlin veröffentlicht.

stellt: »Das kontinentale Europa von Portugal bis Polen wird sich entweder zu einem Überstaate zusammenschließen oder noch in diesem Jahrhundert politisch, wirtschaftlich und kulturell zugrunde gehen!« Der Text gilt als Gründungsdokument der paneuropäischen Bewegung, die von europäisch orientierten Unternehmern und Bankiers finanziell unterstützt wurde, u.a. von der deutschen Paneuropa-Fördergesellschaft unter Vorsitz des Elektroindustriellen Robert Bosch. An ihrem Kongress 1926 in Wien nahmen 2.000 Personen aus 24 Nationen teil, auf den Erfolg der Organisation weist die Liste namhafter Mitglieder hin, unter anderem Konrad Adenauer, Albert Einstein und Thomas Mann.

Daneben gab es die Vorschläge des Heidelberger Programms der SPD (1925) oder des französischen Außenministers Aristide Briand (1929), die sich zwar in ihrer sozialen Ausrichtung deutlich unterschieden, denen es jedoch allen um die Schaffung einer europäischen Föderation ging, mit Zollunion und gemeinsamem Markt. Ihr Ziel war es, die wirtschaftliche Stärke gegenüber den USA zurückzugewinnen, zugleich ein Bollwerk gegen die angebliche Bedrohung durch Asien und den Bolschewismus zu schaffen. Nennenswerte politische Wirkung erzielte jedoch keine der Bewegungen, die Weltwirtschaftskrise und die nationalsozialistische Machtübernahme in Deutschland beendeten zunächst jegliche Hoffnungen auf eine europäische Zusammenarbeit.

Wie positionierte sich die revolutionäre Linke in dieser Zeit zu Europa? Bereits im Ersten Weltkrieg entstand eine Europadebatte (Zimmerwalder Konferenz 1915), bei der ein von Trotzki dafür mitverfasstes Manifest die Notwendigkeit der »Vereinigten Staaten von Europa« begründet. Lenin (1915) lehnte diese Forderung ab: »Natürlich sind zeitweilige Abkommen zwischen den Kapitalisten und zwischen den Mächten möglich. In diesem Sinne sind auch die Vereinigten Staaten von Europa möglich als Abkommen der europäischen Kapitalisten … worüber? Lediglich darüber, wie man gemeinsam den Sozialismus in Europa unterdrücken, gemeinsam die geraubten Kolonien gegen Japan und Amerika verteidigen könnte, die durch die jetzige Aufteilung der Kolonien im höchsten Grade benachteiligt und die im letzten halben Jahrhundert unvergleichlich rascher erstarkt sind als das rückständige, monarchistische, von Altersfäule befallene Europa.«

Diese Debatte setzte sich in der Kommunistischen Internationale fort, acht Jahre später schreibt Trotzki (1923): »Ich meine, dass es an der Zeit ist, neben der Parole ›Arbeiter- und Bauernregierung‹ eine andere aufzustellen: ›Die Vereinigten Staaten von Europa‹. Nur die Verbindung dieser beiden Parolen wird die brennendsten Fragen der europäischen Entwicklung in einer den Zeitumständen angemessenen Weise beantworten können.« Und drei Jahre später formuliert er in einer Rede (Trotzki 1926): »Wo die Revolution auch anfangen mag, in welchem Tempo sie sich auch entfalten mag – die unbedingte Voraussetzung für den sozialistischen Umbau Europas ist ein wirtschaftlicher Zusammenschluss.« Die gesamte linke Debatte beschränkte sich weitgehend auf derartige grundsätzliche Kontroversen.

Der von Deutschland begonnene Zweite Weltkrieg führte zur Beherrschung großer Gebiete Europas, mit dem vordringlichen Ziel, eine auch offiziell propagierte europäische Großraumwirtschaft nach territorialen und völkischen Kriterien zu schaffen. Im Entwurf einer Denkschrift des Auswärtigen Amts für die Nachkriegszeit heißt es 1943: »Die Einigung Europas (...) ist eine zwangsläufige Entwicklung. (...) Die Zeit der europäischen Binnenkriege muss beendet und der europäische Partikularismus überwunden werden.«[3] In dem Maße wie die Nazis an der Ostfront militärisch in die Defensive gerieten, begannen sie die »europäische Idee« für ihre Propaganda zu nutzen. Mit der Beschwörung der »asiatischen Gefahr« durch die »bolschewistischen Horden« mobilisierten sie zum einen euro-rassistische Ressentiments in der Bevölkerung, zum anderen sollte es als Argument für die Spaltung der Anti-Hitlerkoalition dienen, mit dem in der letzten Kriegsphase die Westmächte für eine gemeinsame Front gegen die Sowjetunion gewonnen werden sollten.

---

[3] www.imi-online.de/2005/02/18/osterweiterung-hegem/.

## 1.6 Europabegeisterung und reformorientierte Konzepte nach 1945

Für verschiedene Widerstandsgruppen gegen das NS-Regime wurde die Vorstellung von vereinten und demokratisch verfassten Staaten Europas bereits während des Zweiten Weltkriegs zur Alternative zum Nazi-Staat. Dies drückte sich in der raschen Verbreitung des »Manifests von Ventotene« von 1941 aus. Hauptautor des auf der gleichnamigen Gefängnisinsel verfassten Dokuments war der Italiener Altiero Spinelli, der als Kommunist in den 1920er Jahren gegen den Faschismus kämpfte und später mit dem Stalinismus brach. Das Manifest hielt ein föderalistisches Europa für die unabdingbare Voraussetzung zur Überwindung von Nationalismus und kriegerischen Auseinandersetzungen, forderte aber auch: »Die europäische Revolution muss sozialistisch sein, um unseren Bedürfnissen gerecht zu werden; sie muss sich für die Emanzipation der Arbeiterklasse und die Schaffung menschlicherer Lebensbedingungen einsetzen. Die Nadel dieses Kompasses darf jedoch nicht in eine rein theoretische Richtung ausschlagen, wonach das private Besitztum der Produktionsgüter grundsätzlich abzuschaffen ist oder dann vorübergehend zu dulden, wenn es nicht anders geht.« (Manifest von Ventotene 1941: 9)

Noch während des Krieges gelang es den europäischen Widerstandsgruppen, ein europaweites Netzwerk zu bilden und im Frühjahr 1944 in Paris einen gesamteuropäischen Widerstandskongress durchzuführen. Im Jahr 1946 gründeten unabhängige Sozialisten und Minderheitsströmungen der Sozialdemokratie, die »Bewegung für die Vereinigten Sozialistischen Staaten von Europa« (MSEUE). Ihre Absicht war ein von den USA und der UdSSR unabhängiges Sozialistisches Europa. Nach dem Beginn des Kalten Krieges ließen sie ihren sozialistischen Anspruch jedoch bald fallen, was in der Streichung des Begriffs *Sozialistisch* im Namen der Gruppierung zum Ausdruck kam, die sich ab 1947 nur noch »Bewegung für die Vereinigten Staaten von Europa« nannte. Nach einer weiteren Namensänderung kam es später zur Selbstauflösung.

Deutlich mehr Wirkung hatte die 1946 gegründete Union Europäischer Föderalisten (UEF). Dabei handelte es sich um ein breites Bündnis aus europäischen Sozialdemokraten, Sozialisten, Vertretern des christlichen und liberalen linken Spektrums sowie aus dem italienischen und französischen, antifaschistischen Widerstand. Die UEF koordinierte zunächst die Arbeit von bis zu 50 nationalen föderalistischen Bewegungen, zu ihren bekannteren Mitgliedern gehörten der Holocaust-Überlebende Eugen Kogon und Altiero Spinelli, der später kommunistischer Europaabgeordneter wurde.

In den 12 Thesen ihres »Hertensteiner Programms« verlangte die UEF eine demokratische, europäische Föderation von unten nach oben, an die die beteiligten Staaten einen Teil ihrer wirtschaftlichen, politischen und militärischen Souveränitätsrechte übertragen sollten. Die Föderation sollte sich als Europäische Union in die Organisation der Vereinten Nationen einfügen und eine regionale Körperschaft im Sinne des Artikels 52 der UN-Charta bilden. Dadurch sollte garantiert werden, dass zwischenstaatliche Streitigkeiten gewaltfrei geschlichtet werden. Die Föderation sollte Europa wieder aufbauen, demokratisieren und die Entwicklung auf wirtschaftlichem, technischem, sozialen und kulturellem Gebiet friedlich vorantreiben.

Die UEF spaltete sich, als eine Minderheit einen Entwurf einer europäischen Verfassung ablehnte, der Mitwirkungsmöglichkeiten gesellschaftlicher Gruppen und eine stärkere Regionalisierung vorsah. Das Mehrheits-Konzept ging davon aus, dass die Menschen ihre Zukunft aus dem Zusammenhang ihres sozialen Umfelds gestalten sollen, also aus Familien, nachbarschaftlichen Netzwerken, Arbeitskollektiven, Gewerkschaften, demokratischen Massenorganisationen, Kirchen, Schulen etc. Die Minderheit schlug stattdessen vor, die nationalen Parlamente zum schrittweisen Verzicht auf Souveränitätsrechte zu bewegen. Diese Auseinandersetzung hat eine gewisse Aktualität für die derzeitige Diskussion um die Zukunft Europas, insbesondere hinsichtlich demokratischer Rechte und Mitwirkungsmöglichkeiten sowie der Beteiligung von Kommunen und der Zivilgesellschaft.

Außerdem zielte die UEF, ähnlich wie die »Bewegung für die Vereinigten Sozialistischen Staaten von Europa«, auf eine Vereinigung der west- und osteuropäischen Länder, um zu gewährleisten, dass Europa weder von der Sowjetunion noch von den USA dominiert wird. Dies stieß auf Ablehnung der kommunistischen Parteien, die auf der Aufteilung der Einflusssphären gemäß den Verträgen der Siegermächte beharrten. Auch die sozialistischen Parteien waren aus unterschiedlichen Gründen dagegen, unter anderem weil sie, wie die SPD unter Schumacher, die Einheit Deutschlands als vordringlich und den Sozialismus als Tagesaufgabe ansahen, oder, wie die britische Labour Party, Europa als Konkurrenz zum British Empire betrachteten.

## 1.7 Weichenstellung in Richtung kapitalistische Integration

Der Kalte Krieg, die Konkurrenz zwischen den beiden Systemen und die Uneinigkeit der Linken verhinderten die Umsetzung sozialistischer europapolitischer Visionen in praktische Politik. Aber auch von sozial-christlichen, sozialdemokratischen und gewerkschaftlichen Kreisen entwickelte Vorstellungen eines vereinten Europas, als Alternative zum »sowjetischen Kommunismus« und dem »US-Kapitalismus« wurden zunehmend illusionär. Die osteuropäischen Staaten verloren unter dem sowjetischen Konzept der Volksdemokratien weitgehend ihre Eigenständigkeit und wurden 1949 in das System des Rates für gegenseitige Wirtschaftshilfe (COMECON) eingegliedert. Bereits zuvor hatten verschiedene Politiker in Westeuropa damit begonnen, Konzepte für einen losen Staatenbund als Bollwerk gegen den Bolschewismus zu entwickeln. Ein wichtiger Schritt war im Mai 1947 die Gründung der »Bewegung für ein vereintes Europa« (United Europe Movement – UEM) in London, mit Winston Churchill als bekanntester Persönlichkeit. Ob Churchill darunter nur das kontinentale Westeuropa verstand und Großbritannien für ihn nicht dazu gehörte, ist bis heute umstritten, folglich berufen sich sowohl Brexit-Befürworter als auch Brexit-Gegner auf ihn. Bereits ein Jahr später fand der Haager Kongress statt, an dem 800 Delegierte aus den verschiedenen europäischen Bewegungen teilnahmen. Eine direkte Nachwirkung des Abschlussmanifests war im Mai 1949 die Gründung des Europarats (nicht zu verwechseln mit dem Rat der EU, dem zentralen Gesetzgebungsorgan der

EU – siehe hierzu den Punkt 2.2. im nächsten Kapitel). 1950 verabschiedete der Europarat die Europäische Menschenrechtskonvention, die einen Katalog von Grundrechten und Menschenrechten beinhaltet, über deren Umsetzung der 1959 installierte Europäische Gerichtshof für Menschenrechte zu wachen hat. Seit 1993 widmen sich beide Institutionen verstärkt der Wahrung demokratischer Grundsätze und rechtsstaatlicher Prinzipien.

Zu den Teilnehmern des Haager Kongresses gehörten Robert Schuman, Léon Blum, François Mitterrand, Konrad Adenauer, der erste Kommissionspräsident der Europäischen Wirtschaftsgemeinschaft (EWG) Walter Hallstein und Gustav Heinemann. Die von Churchill repräsentierte Bewegung konnte sich auf dem Kongress weitgehend durchsetzen – begünstigt durch die Auswahl der Delegierten und die Dominanz der britischen Konservativen im Vorbereitungsprozess. Als Folge entsandte die Labour Party keine und andere sozialistische Parteien nur wenige Vertreter, außerdem hatten vormalige Radikalsozialisten frühere Positionen aufgegeben (z.B. Altiero Spinelli). So konnte das zunächst noch umstrittene europäische Projekt eines Staatenbundes statt eines Bundesstaates auf den Weg gebracht werden.

Trotz aller Friedensrhetorik und Hinweisen auf die gemeinsame europäische Tradition und Kultur, spielten in erster Linie wirtschaftliche und machtpolitische Interessen eine Rolle. Für Frankreich ging es hauptsächlich um die Sicherung seiner Kolonien. Wichtig war den Franzosen allerdings zudem, dass eine Nachkriegsordnung zukünftige Bedrohungen durch Deutschland ausschließen sollte. Dies durch die Aufteilung des Landes zu erreichen, stieß auf die Ablehnung der USA, die eher an einer Wiederbewaffnung Deutschlands im Rahmen der Ost-West-Konfrontation interessiert waren.

Für Frankreich löste sich das Problem teilweise, als die »Europäische Gemeinschaft für Kohle und Stahl« (EGKS) 1951 gegründet wurde (siehe hierzu Punkt 2.1) Parallel zur EGKS sollte eine Europäische Verteidigungsgemeinschaft (EVG) gegründet werden, dieses Projekt scheiterte jedoch in der französischen Nationalversammlung und hatte sich spätestens mit Gründung der NATO erledigt. Neuerdings wird versucht, die Idee einer Verteidigungsunion zu beleben, z.B. Ende 2017 durch die Notifizierung von PESCO (Permanent Structured Cooperation/Ständig Strukturierte Zusammenarbeit) seitens der Mehrheit der EU Mitgliedstaaten. Sie enthält 20 Bedingungen zur Teilnahme, darunter ständig steigende Verteidigungsausgaben und gegenseitige Unterstützung in Form von Truppen und Material bei Auslandseinsätzen.

Die US-Regierung unterstützte nach 1945 vor allem die Entstehung der europäischen Institutionen, die in Richtung eines Gemeinsamen Marktes zielten und koppelte die Gewährung von Mitteln aus dem Marshallplan an die Existenz handelspolitischer Liberalisierungsprogramme. Dazu gehörte die Gründung des »Ausschuss für europäische wirtschaftliche Zusammenarbeit« (OEEC), den Vorläufer der heutigen OECD. Die OEEC diente zur Koordinierung der Finanzhilfen aus dem Marshallplan. Außerdem wurde die Europäische Zahlungsunion (EZU) geschaffen, die mit Marshallplanmitteln ausgestattet war und über die notwendigen Devisen verfügte, bis die europäischen Währungen konvertierbar wurden. Der Marshallplan war eben mehr als ein Hilfsprogramm, nämlich gleichzeitig ein Instrument zur Durchsetzung der Freihandelsdoktrin. Komplementär zur wirtschaftlichen Kooperation wurde die europäische militärische Zusammenarbeit mit dem 1948 geschlossenen »Brüsseler Pakt« intensiviert, der als Beistandspakt gegen eine potenzielle Aggression der Sowjetunion gedacht war und die USA aufforderte, ihr militärisches Potenzial auch zum Schutze Westeuropas einzusetzen. Mit Gründung der NATO 1949 wurde dies erreicht und zugleich ebenfalls ein institutioneller Rahmen für die Wiederbewaffnung der Bundesrepublik Deutschland geschaffen. Die Reorganisation des Kapitalismus unter den Bedingungen des sich verschärfenden Kalten Kriegs, der die Welt in den Nachkriegsjahren bis 1952 an den Rand eines Dritten Weltkriegs brachte, war in den westeuropäischen Nationalstaaten nunmehr auf den Weg gebracht – in der Bundesrepublik unter dem Einfluss und mit Beteiligung der alten nationalsozialistischen Eliten.

# 2. Grundlagen: Verträge und Recht

## 2.1 Vertrag als Grundlage der Europäischen Union

Die Europäische Union (EU) ist ein Gebilde, das durch Vertrags-
abschlüsse zwischen Staaten geschaffen wurde. So ist die Grundlage der EU gegenwärtig der Lissabonner Vertrag von 2009.
Er steht am vorläufigen Ende einer Entwicklung der Staatengemeinschaft, von der Europäischen Wirtschaftsgemeinschaft
über die Europäische Gemeinschaft bis zur Europäischen Union.
Der Lissabonner Vertrag besteht aus drei Teilen. Da ist zunächst
der EU-Vertrag, der die Ziele und Grundsätze enthält; etwas zy-
nisch ausgedrückt findet man im EU-Vertrag alles Wahre, Gute
und Schöne oder die Verfassungslyrik. Im zweiten Teil wird man
dann mit der Realität konfrontiert, er heißt »Vertrag über die
Arbeitsweise der Europäischen Union« (AEUV). Dort werden die
Funktionsweisen der Institutionen festgelegt, d.h. ihre Kompetenzen, die Zusammensetzung oder ihre Wahl und Abwahl. Im
AEUV wird auch festgeschrieben, in welchen Politikfeldern die
EU aktiv werden, in welchen Bereichen sie europäische Gesetze,
also Richtlinien und Verordnungen, erlassen kann. Die EU darf
nur dort aktiv werden, wo ihr durch die Verträge ausdrücklich
eine Kompetenz übertragen wurde.

Wer überträgt denn diese Kompetenzen? Das sind die Mitgliedstaaten der EU. Der Staat gilt in der Rechtswissenschaft
als souverän, das heißt, dass er jede Politik betreiben und alle
Maßnahmen ergreifen kann, die er möchte. Es gibt keine Be-
schränkung der staatlichen Kompetenz. Anders verhält es sich
allerdings in föderalen Staaten wie der Bundesrepublik, dort
besteht auch eine Kompetenzaufteilung zwischen dem Zentral-
staat, dem Bundesstaat und den Bundesländern. Also: Die Mitgliedstaaten haben durch die EU-Verträge Kompetenzen auf
die EU übertragen. Nur deshalb darf die EU den Mitgliedstaaten
Vorschriften machen, dass jene ihre Gesetze ändern sollen. Die
Juristen nennen die Konstruktion »begrenzte Einzelermächti-
gung«. Schließlich gibt es einen dritten Teil, der zum Lissabonner
Vertrag gehört, das ist die Europäische Grundrechtecharta.

Was sind das für Verträge, mit denen die EU begründet wurde? Zunächst sind das »stinknormale« völkerrechtliche Verträge. Die Bundesrepublik Deutschland hat eine Fülle völkerrechtlicher Verträge unterschrieben. Diese beziehen sich auf ganz verschiedene Dinge. Dazu gehören das Abkommen über die Reinhaltung der Nordsee, die Klimarahmenkonvention, die Genfer Flüchtlingskonvention, das GATT- und WTO-Abkommen oder bilaterale Freihandelsverträge wie CETA. Nun hat die EU eine komplexere Dimension angenommen als die Konvention zur Reinhaltung der Nordsee und innerhalb der EU hat sich eine stärkere Zusammenarbeit und eine Angleichung des Rechts entwickelt, die auch mit der WTO nicht vergleichbar sind, sondern eher mit einem Staat. Die EU weist es aber weit von sich, ein Staat zu sein. Sie sei eine supranationale Organisation. Juristen bezeichnen sie als Herrschaftsverband oder Staatenverbund.

Die Abgrenzung der EU zum Staat ist rechtlich etwas bemüht. Die EU besitze, wird argumentiert, keine Kompetenz-Kompetenz. Will sagen, sie könne ihre Kompetenzen nicht selbst erweitern, das gehe nur, wenn die Mitgliedstaaten ihr Kompetenzen übertragen. Stimmt – aber in einem Bundesstaat gilt ein ähnliches Prinzip. Die Kompetenzverteilung zwischen Bund und Ländern kann nur mit Zustimmung der Länder erfolgen und es macht keinen prinzipiellen Unterschied, ob dazu Einstimmigkeit oder eine 2/3-Mehrheit verlangt wird. Oder es wird argumentiert, dass die EU niemals ein Staat sein wollte. Nur darauf kommt es nicht an: Wenn ein Esel vorgibt, ein Pferd zu sein, bleibt er doch ein Esel. Das Problem, das die Juristen mit der Frage »Staat oder Noch-nicht-Staat?« haben, ist Folgendes: Wenn man die EU als Staat bezeichnen würde, müsste sie demokratisch organisiert sein. Das Grundgesetz hat das Demokratieprinzip mit der Ewigkeitsgarantie versehen, man kann es nicht abschaffen und auch nicht loswerden, indem man einem neuen Staat beitritt. Die EU ist aber – da besteht weitgehend Einigkeit – nicht demokratisch organisiert. Das ist später genauer zu erörtern. Die etwas bemühte Argumentation hat also auch eine taktische Dimension.

Wichtig erscheint uns, dass die EU keine oder nur marginale eigene Steuerquellen besitzt. Das heißt, die EU erhält ihre Mittel von den Mitgliedstaaten und nicht aus eigenen Einnahmen. Der moderne Staat ist aber typischerweise Steuerstaat. Die Steuer als Finanzierungsquelle garantiert die Trennung von Privatem und Öffentlichem und ist neben dem staatlichen Gewaltmonopol und dem durch Grenzen klar markiertem Territorium als essenzielles Merkmal eines modernen Staates zu begreifen. Nach diesem Maßstab ist die EU dann tatsächlich kein Staat.

Das heißt aber keineswegs, dass sie nicht demokratisch sein sollte. Demokratie bezieht sich auf die politische Organisation einer Gesellschaft. Oder anders gesagt: Wo Menschen verbindliche Entscheidungen über andere Menschen treffen dürfen, wo allgemein verbindliche Regeln von wenigen aufgestellt werden, kurz: wo Herrschaft existiert, ist Demokratie das Gegenmittel. Sie ist das Mittel, um Herrschaft zu reduzieren, im Idealfall aufzuheben. Also müsste auch die EU demokratisch organisiert sein, denn es ist offenkundig, dass dort allgemein verbindliche Regeln für alle Bürger dieser Union, d.h. europäische Gesetze beschlossen werden. Deshalb wird richtigerweise von einem Demokratiedefizit der EU gesprochen.

## 2.2 Von den Römischen Verträgen zum Lissabonner Vertrag

Die europäische Integration entstand aus geo- und industriepolitischen Interessen. Geopolitisch ging es, komplementär zur NATO, um die Integration der Bundesrepublik in »den Westen« in Abgrenzung zum Einflussbereich der UdSSR: »To keep the Russians out, the Americans in, and the Germans down«, wie es in einem Bonmot aus jenen Tagen hieß. Adenauer trieb die Westintegration der Bundesrepublik voran, was zunächst bedeutete, dass die Option auf Wiedervereinigung mit der DDR aufgegeben wurde.

*Die Montanunion*
Am Anfang stand 1951 die Gründung der »Gemeinschaft für Kohle und Stahl« (EGKS), die Montanunion. Mit ihr wurde zwischen Deutschland und Frankreich eine Zollunion für Kohle und Stahl vereinbart, gleichzeitig wurde die Kohle- und Stahlindustrie

einer gemeinsamen Kontrolle unterworfen. Das war für die junge Bundesrepublik die Chance, die im sogenannten Ruhrstatut geregelten Beschränkungen und damit verbunden Ängste vor Demontage zu beseitigen, während Frankreich sich versprach, Zugang zu den umfangreichen Kohle- und Stahlvorkommen in der BRD zu erhalten. Einig war man sich außerdem, dass eine gemeinsame Kontrolle und Verfügung über die Ressourcen der kriegswichtigen Industrien und gleichzeitig – vorsichtig formuliert – »kriegsinteressierten« Industrien erstens eine zukünftige autoritäre Wendung in Deutschland und zweitens zukünftige kriegerische Konfrontationen zwischen beiden Staaten verhindern könne. Die Zielformulierungen des Vertrages von 1951 unterscheiden sich von der heute propagierten »wettbewerbsfähigsten und dynamischsten wissensbasierten Wirtschaft der Welt« deutlich. Ziel war die »geordnete Versorgung des gemeinsamen Marktes«, allen Verbrauchern des gemeinsamen Marktes gleichen Zugang zu den Produkten zu ermöglichen sowie auf »eine Verbesserung der Lebens- und Arbeitsbedingungen der Arbeiter hinzuwirken« (Art. 3 EGKS-Vertrag). Der Vertrag sah eine Preiskontrolle und entsprechende Interventionsmöglichkeiten durch die »hohe Behörde« vor und normierte – anders als der Lissabonner Vertrag – eine eigenständige Kompetenz, Abgaben zu erheben (Art. 49 EGKS-Vertrag). Mit der EGKS wurden für die Montanindustrie zunächst zwischen Deutschland, Frankreich, Italien und den Beneluxstaaten gemeinsame Regeln, Behörden, Kontrollen usw. vereinbart. Auch die Institutionen der EGKS bildeten das Urbild der Institutionen der europäischen Wirtschaftsgemeinschaft. Es gab schon Parlament, Kommission und Rat.

*Die EWG*

Der nächste Schritt erfolgte 1957 mit der Gründung der europäischen Wirtschaftsgemeinschaft (EWG) durch die Römischen Verträge. In diesen Gründungsdokumenten wurde die Zollunion zur Grundlage der Gemeinschaft erklärt (Art. 9) und die Bedingungen normativ aufgefächert, wie Zölle abgebaut und gemeinsame Zölle entwickelt werden sollen. Das heißt, der

EWG-Vertrag erweiterte die Zollunion über Kohle und Stahl hinaus auf die gesamte wirtschaftliche Produktion der genannten sechs Mitgliedstaaten. Zollunion bedeutete, dass die Mitgliedstaaten untereinander Aus- und Einfuhrzölle abbauen und nach außen gemeinsame Zolltarife entwickeln sollten. Die Römischen Verträge enthielten darüber hinaus schon die sogenannten vier Grundfreiheiten, also Warenverkehrs-, Kapitalverkehrs-, Dienstleistungsfreiheit und Arbeitnehmerfreizügigkeit. Der EWG-Vertrag enthielt Regelungen zur Konjunkturpolitik mit einer entsprechenden Ermächtigung für die europäischen Institutionen, konjunkturpolitische Maßnahmen zu ergreifen (Art. 103 EWG 1957). In den aktuell geltenden Lissabonner Verträgen findet sich nicht einmal mehr das Wort »Konjunktur«, geschweige denn eine Kompetenznorm für eine gemeinschaftliche Konjunkturpolitik.

Verschiedene Anläufe zur Veränderung der Struktur der EWG verliefen im Sande, nur das Parlament wurde, was schon in den Römischen Verträgen versprochen war, aufgewertet und 1979 erstmalig direkt gewählt. Verbunden wurde mit der Direktwahl die Hoffnung auf eine umfassende Parlamentarisierung der Europäischen Gemeinschaft, die aber nur sehr langsam voranschritt.

*Die Etablierung des Binnenmarktes*
Mit der Einheitlichen Europäischen Akte, die 1987 in Kraft trat, wurde der Weg in den Binnenmarkt als Ziel angesteuert. Die Überwindung der Fragmentierung durch einen gemeinsamen Wirtschaftsraum sollte das Gewicht der EU in der internationalen Konkurrenz stärken. Um diese neue Wettbewerbsfähigkeit zu erreichen, die bis heute die Rhetorik der Union dominiert, galten Deregulierung und Liberalisierung als probates Mittel. Mit ihrer Hilfe sollten »Handelshemmnisse« innerhalb der Union abgebaut werden, um so ein System zu errichten, das den Wettbewerb innerhalb des gemeinsamen Marktes vor »Verzerrungen« schützt. Das Ziel, einen einheitlichen Binnenmarkt zu schaffen, ist bis heute für den Verbraucher nicht erreicht. Es gibt eben nationale und regionale Traditionen und Gewohnheiten,

die differenzierte Märkte schaffen. Erst Anfang 2018 kam die Kommission auf den Gedanken, das europäische Onlineshopping zu vereinfachen. Nur für die (großen) Unternehmen gibt es einen europäischen Binnenmarkt. Mittlere und kleine Unternehmen haben dagegen nicht die Kapazitäten, um mit den nach wie vor beträchtlichen, rechtlichen und anderen Unterschieden in den Mitgliedstaaten fertig zu werden.

*Die gemeinsame Währung*

Der einheitliche Markt, so die Überlegung, ist nur zu erreichen durch eine gemeinsame Währung. Vertraglich fixiert wurde der Weg in die Europäische Währungsunion (EWU) durch den Vertrag von Maastricht, der im November 1993 in Kraft trat. Die EWG wurde umgetauft in Europäische Gemeinschaften (EG). Der Schritt zur Bildung einer Währungsunion ist nicht zuletzt der Tatsache geschuldet, dass in den 1980er Jahren der Verlust der Zinssouveränität in den Staaten Europas diskutiert wurde. Der Dollar als Leitwährung bestimmte auch die Zinspolitik. Mit einer eigenen starken Währung, so hoffte man, könnte man Handlungsspielräume zurückerobern. Von dieser Hoffnung und Intention blieb während des Deregulierungswahnsinns auf den Finanzmärkten wenig übrig.

Der Binnenmarkt brauche eine einheitliche Währung, weil Währungsschwankungen insbesondere für die exportorientierten Industrien problematisch sind, denn sie erschweren insbesondere bei längeren Zeiträumen die betriebswirtschaftliche Kalkulation. Sie erhöhen die Transaktions- und verursachen Zusatzkosten, wenn man sich gegen die Wechselkursschwankungen absichert, was üblicherweise getan wird. Um diese Unkalkulierbarkeit zu beseitigen, gab es seit dem Zweiten Weltkrieg Bemühungen, feste Wechselkurse einzurichten. Dazu wurde zunächst das System von Bretton Woods mit festen Wechselkursen und einer Dollarbindung eingeführt. Dieses scheiterte 1973, weil die Unterschiede nicht mehr eingefangen werden konnten. Auf europäischer Ebene wurde deshalb noch im gleichen Jahr die europäische Währungsschlange, die alsbald umgetauft wurde in das Europäische Währungssystem (EWS), eingeführt. Das

EWS erlaubte Währungsschwankungen zwischen den europäischen Währungen von +/- 2,5%. Wurden diese überschritten, sollten die Notenbanken intervenieren. Auch dieses System stieß 1993 an seine Grenzen. Die Schwankungsbreiten erwiesen sich angesichts der Produktivitätsunterschiede als zu niedrig und wurden auf +/- 15% heraufgesetzt. Damit wurde der genannte Zweck natürlich nicht mehr erreicht. Allerdings existiert das EWS in einer Schrumpfform weiter, nämlich zwischen der Dänischen Krone und dem Euro, weil Dänemark per Referendum beschloss, beim Euro nicht mitzumachen. Das Land fährt ganz gut damit, wie seine makro-ökonomischen Indikatoren zeigen. Die EWU wurde 1992 mit dem Maastricht-Vertrag rechtsverbindlich und 2001 mit Einführung des Euro umgesetzt. Aus den Erfahrungen des EWS wurden dabei keine Konsequenzen gezogen: Die einheitliche Währung wurde eingeführt bei Fortexistenz von Nationalökonomien mit sehr unterschiedlichen Produktivitätsentwicklungen. Die Krise des Euro 2012 war Ausdruck dieser Disparitäten.

*Vom Scheitern des EU-Verfassungsvertrags nach Lissabon*
Deutschland drängte bei den Verhandlungen zum Maastricht-Vertrag darauf, Bestimmungen einzuführen, welche die Inflation in den Mitgliedstaaten begrenzen sollte. Dieses politische Anliegen ist Teil der »German Angst«, also Ergebnis der Inflationserfahrungen in der Weimarer Republik. Die Bundesrepublik hatte zudem Erfahrungen mit anderen europäischen Währungen, insbesondere der italienischen Lira mit hoher Inflation und häufigen Abwertungen. Die einheitliche Währung sollte stark bleiben, auch weil das dem Interesse der Exportwirtschaft in Deutschland entspricht, die durch hohe Inflationsraten in den Importländern höheren Risiken ausgesetzt ist. Die Vorkehrungen finden sich bis heute in den Verträgen, nämlich mit den Maastricht-Kriterien, d.h. festen Kreditobergrenzen für die Staaten. Mit Maastricht wurde der Vorrang der Inflationsbekämpfung in der Wirtschaftspolitik normiert.

Es folgten zwei kleinere Vertragsänderungen, die im Wesentlichen der Anpassung der europäischen Institutionen an die Osterweiterung dienten (Amsterdam 1997, Nizza 2001). Nach dem Zusammenbruch der Sowjetunion wurden deren ehemalige Verbündete, d.h. die osteuropäischen Staaten von Rumänien bis zum Baltikum in die NATO und die EU integriert. Das machte es erforderlich, die Abstimmungsmechanismen in den europäischen Institutionen zu ändern, die Stimmen der Staaten neu zu gewichten und Mehrheitsentscheidungen auf Kompetenzbereiche zu erweitern, in denen vorher Einstimmigkeit im Rat erforderlich war. Das Problem beschäftigte die EU bis zum Vertrag von Lissabon und ist bis heute virulent.

Im Sommer 1999 wurde ein Konvent einberufen, um eine Europäische Grundrechtecharta zu erarbeiten. Den Vorsitz führte der deutsche Konservative Roman Herzog. Der Text war schon 2000 fertig und wurde im Dezember feierlich proklamiert, was niemanden so richtig interessierte, weil die Grundrechtecharta zunächst unverbindlich blieb. Das sollte sich mit der Europäischen Verfassung ändern, die ebenfalls von einem europäischen Konvent erarbeitet wurde. Dieser Konvent, unter Vorsitz des französischen Konservativen Valéry Giscard d'Estaing nahm im Februar 2002 seine Arbeit auf und legte im Juli 2003 einen Verfassungsentwurf vor. Der Konvent bestand aus Parlamentariern des Europäischen Parlaments (EP) und der nationalen Parlamente, wie aus Vertretern der Exekutive. Beraten wurde im Konvent über den Teil der Verfassung, der mit dem Lissabonner Vertrag als EU-Vertrag verabschiedet wurde, d.h. beraten wurde über den deutlich kleineren und wegen der Verfassungslyrik unwichtigeren Teil. Den größeren, wichtigeren Teil, heute der AEUV, wurde von der Kommission zusammen mit der Grundrechtecharta angehängt. Zusammen sollte das mehrere hundert Artikel umfassende Werk die Europäische Verfassung werden. Zum Erstaunen und Entsetzen der Astronauten im Brüsseler Raumschiff begann eine intensive Diskussion in der europäischen Öffentlichkeit. Die Kritiker brachten vor, dass die Verfassung unsozial und undemokratisch sei. In vier Mitgliedstaaten gab es 2005 eine Volksabstimmung: In Luxemburg und Spanien gab es eine Mehrheit für die Verfassung, in den Niederlanden und Frankreich stimmten die Wähler aber dagegen. In der französischen Kampagne für das NON spielte Attac Frankreich eine führende Rolle. Weil Frankreich ein hohes Gewicht in der EU hat, wurde das Projekt nach dem Abstimmungssieg der Gegner fallen gelassen.

Der Verfassungstext wurde wenig modifiziert und erblickte als Lissabonner Vertrag mit den drei genannten Teilen, EU-Vertrag, AEUV und Grundrechtecharta, das Licht der Welt. Mit der Begründung, dass der Vertrag nun keine Bestimmung über Hymne und Fahne enthalte, erklärte insbesondere die französische Regierung, dass es sich nicht mehr um eine Verfassung handele, weshalb nach französischem Verfassungsrecht eine erneute Volksabstimmung nicht mehr nötig sei. Diese Argumentation übertrifft selbst kabarettistische Einlagen, denn der Lissabonner Vertrag lässt sich auch ohne Fahne und Hymne als Verfassung der EU definieren. Eine Verfassung ist eine Gebrauchsanweisung für den Staat. Dort wird festgeschrieben, wer zuständig und in welchem Verfahren, was zu beschließen ist. Es werden die Kompetenzen festgelegt, also für welche Politikbereiche die Union zuständig ist und für welche nicht oder was Aufgabe etwa der Europäischen Zentralbank ist. Aufgrund dieser Verträge darf die EU Rechtsakte erlassen. Allen diesen Anforderungen genügen die Verträge und so bezeichnet auch das Bundesverfassungsgericht die EU-Verfassung als »funktionelle Verfassung«, womit zum Ausdruck kommen soll, dass es sich eben nicht um eine Staatsverfassung handelt, weil die EU kein Staat sei.

In Frankreich und Deutschland wurde ebenso wie in den meisten europäischen Staaten das Volk nicht zum neuen Vertrag befragt. Anders in Irland. Dort gab es 2008 eine Volksabstimmung, die mit einem Nein zum Lissabonner Vertrag endete. Das weitere Prozedere steht für das Demokratieverständnis der EU. Die Abstimmung wurde 2009 wiederholt, dieses Mal mit dem »richtigen« Ergebnis. So konnte der gegenwärtig geltende Lissabonner Vertrag 2009 in Kraft treten, nachdem ihn auch das Bundesverfassungsgericht und der Tschechische Verfassungsgerichtshof für verfassungskonform erklärt hatten.

## 2.3 Institutionen und Verfahren

Das wichtigste Gremium der EU ist der Rat, der in zwei unterschiedliche Teile zerfällt. Der *Europäische Rat* setzt sich zusammen aus den Staats- und Regierungschefs der EU-Mitgliedstaaten, dem Präsidenten der Kommission und Präsidenten des Europäischen Rats. Seine Aufgabe ist die Festlegung allgemeiner politischer Zielvorstellungen und Prioritäten der Unionspolitik. Der Europäische Rat ist nicht zu verwechseln mit dem Europarat. Der *Europarat* ist eine internationale Organisation neben und *unabhängig* von der EU, der 47 europäische Staaten angehören, darunter auch Russland. Der Europarat nimmt Stellung zu aktuellen politischen Ereignissen und hat sich insbesondere den Schutz von Menschenrechten und Demokratie auf die Fahne geschrieben. Machtpolitisch ist der Europarat von untergeordneter Bedeutung. Da im Zuge der Ukraine-Krise Russland in der parlamentarischen Versammlung des Europarates das Stimmrecht entzogen wurde, ist zudem auch sein Potenzial als Vermittler im Ost-West-Verhältnis verspielt worden.

Der *Ministerrat* oder der Rat der Europäischen Union ist der Gesetzgeber der EU. Meist werden Ministerrat und Europäischer Rat vereinfacht als »der Rat« bezeichnet. Der Ministerrat setzt sich aus den zuständigen Fachministern der Mitgliedstaaten zusammen. Der Ministerrat trifft die konkreten Entscheidungen, insbesondere erlässt er die Rechtsakte, d.h. die Gesetze der EU. Das geschieht meist in Zusammenarbeit mit dem Parlament, aber nicht in allen Fällen. Beispiel: Maßnahmen, die für die »Liberalisierung des Kapitalverkehrs mit Drittstaaten einen Rückschritt darstellen« (Art. 64 III AEUV), beschließt der Rat allein und einstimmig. Das Parlament muss nur angehört werden. Auch über die »operative Zusammenarbeit« der Polizeibehörden beschließt der Rat ohne Zustimmung des Parlaments (Art. 87 III AEUV). Wer mit wem und mit welcher Mehrheit entscheiden darf, regelt der AEUV gesondert für alle Politikbereiche.

Die Abstimmungen im Rat sind kompliziert. Das Primärrecht, also die europäischen Verträge bestimmen, welche Mehrheiten bei welcher Abstimmung erforderlich sind. In einigen Fällen muss einstimmig beschlossen werden, in anderen reicht eine qualifizierte oder eine einfache Mehrheit. Die meisten Rechtsakte werden mit qualifizierter Mehrheit verabschiedet. Qualifizierte Mehrheit bedeutet, dass 55% der Mitgliedstaaten zustimmen, die überdies 65% der Unionsbürger vertreten. Diese merkwürdigen Zahlen sind Ergebnis eines Kompromisses zwischen Polen und Deutschland, die verschiedene Abstimmungsmodelle vorlegt hatten, die ihr politisches Gewicht jeweils erhöhen sollten.

Der Rat tagt geheim, d.h. es werden nur die Beschlüsse veröffentlicht, nicht die Positionen und das Abstimmungsverhalten der Regierungsvertreter. So ist das Verfahren intransparent und ermöglicht den Regierungen, »ihre« Parlamente hinters Licht zu führen, indem sie jeweils anderen die »Schuld« für eine Neuregelung in die Schuhe schieben. Regelungen, welche die Regierung zu Hause nicht durchsetzen können, lassen sich so über europäische Rechtsakte einführen. Das nennt man »über Bande spielen«.[4] Der Ministerrat beschließt mit dem EU-Parlament zusammen auch über den Haushaltsplan, also die Finanzen der EU. Schließlich hat er auch Befugnisse, die typischerweise von der Exekutive wahrgenommen werden. Er beschließt z.B. über Ausnahmen vom Beihilfeverbot, das den Mitgliedstaaten grundsätzlich verbietet, ihre Unternehmen zu subventionieren.

Die *Kommission* besteht aus einem Präsidenten und Kommissaren, die mit Ministern vergleichbar sind. Die Kommissare sind für ihr Ressort zuständig. In der EU entsendet jeder Mitgliedstaat einen Kommissar, so wird die Kommission – verglichen mit nationalen Regierungen – zu einem respektablen Wasserkopf. Art. 7 Abs. 5 EUV sieht vor, dass die Zahl ab 2014 auf höchstens 2/3 der Zahl der Mitgliedstaaten beschränkt werden sollte. Der Europäische Rat kann jedoch einstimmig etwas anderes beschließen. Das ist geschehen, weil kein Mitgliedstaat auf seinen Kommissar verzichten wollte und in Irland die Volksabstimmung über die EU-Verträge anstand. Dem irischen Volk wurde bei der zweiten

---

[4] Wie im Rat Politik gemacht wird, ist durch das Buch des ehemaligen griechischen Finanzministers Yanis Varoufakis (2017), der ausführlich seine Erlebnisse im Rat schildert nach außen gedrungen. Da ist sicher vieles subjektiv, aber selbst wenn nur die Hälfte zutrifft, wirft es ein bezeichnendes Licht auf die vordemokratische Weise, in der Entscheidungen dort fallen.

**2. Grundlagen: Verträge und Recht**

**Abb. 1: Übersicht über die Organe der Europäischen Union**

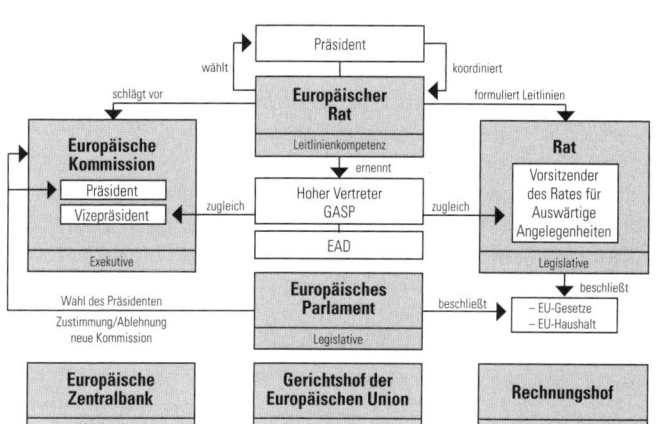

Abstimmung über den Lissabonner Vertrag 2009 u.a. versprochen, dass es seinen Kommissar behalten dürfe.

Der Präsident und die Kommissare werden nicht etwa vom Parlament gewählt, sondern vom Rat vorgeschlagen. Das Parlament hat nur die Möglichkeit, den Vorschlag zu bestätigen oder abzulehnen. Das Parlament muss zunächst den Kommissions-Präsidenten bestätigen. Dann wird vom Rat die Liste der Kommissionsmitglieder beschlossen, die ebenfalls vom Parlament bestätigt werden muss. Einzelne Kommissare kann das Parlament eigentlich nicht ablehnen. Trotzdem haben Vorbehalte gegen einen Kommissar dazu geführt, dass dieser ersetzt wurde, denn das Parlament kann damit drohen, die ganze Liste platzen zu lassen.

Bei der Parlamentswahl 2014 gab es (erstmals) zwei »Spitzenkandidaten«, nämlich Jean-Claude Juncker und Martin Schulz. Das war der Versuch, den Bürgern die Europapolitik näherzubringen. Als dann die Kür des Präsidenten im Rat anstand, erklärte die deutsche Bundeskanzlerin zunächst, dass »Spitzenkandidat« nur eine informelle Angelegenheit sei und Juncker keineswegs auch Kommissionspräsident werden müsse. Damit konnte sie sich nicht durchsetzen. Scheinbar hatte der demokratische Geist gesiegt. Später stellte sich heraus, dass Juncker als Ministerpräsident von Luxemburg Steuerdeals mit Großkonzernen ausgehandelt hatte, also Steuer»vermeidung« im großen Stil ermöglicht hatte. Niemand forderte seinen Rücktritt. Der Sieg der Demokratie war ein Phyrrussieg.

Die Kommission hat vor allem die Funktion der Exekutive, entspricht also in etwa der Regierung auf nationaler Ebene. Sie ist aber gleichzeitig an der Rechtsetzung beteiligt, sie hat Vorschlagsmonopol für EU-Rechtsakte, das sogenannte Initiativrecht. Verordnungen, Richtlinien und Beschlüsse können nur auf Vorschlag der Kommission erlassen werden. Jedoch können das Europäische Parlament und der Rat die Kommission bitten, einen Vorschlag für einen Rechtsakt zu unterbreiten. Es gilt die alte Skatregel: »Wer schreibt, der bleibt.«

Eine weitere Aufgabe der Kommission ist die Kontrolle der Einhaltung des Unionsrechts. Deshalb wird sie als »Hüterin der Verträge« bezeichnet.[5] Insbesondere kann die Kommission, wenn sie meint, dass ein Mitgliedstaat (MS) das EU-Recht nicht einhält, vor dem Europäischen Gerichtshof (EuGH) klagen und eine Vertragsverletzung beanstanden. Damit sollen die Staaten veranlasst werden, ihr Recht – und eigentlich auch die Praxis – an das europäische Recht anzugleichen. Schließlich spricht die EU-Kommission in internationalen Organisationen für alle EU-Länder, vor allem in den Bereichen Handelspolitik und humanitäre Hilfe und handelt im Namen der EU internationale Verträge wie JEFTA oder CETA aus.

Das *Europäische Parlament* (EP) wird durch die Unionsbürger gewählt. Unionsbürger sind alle Staatsangehörigen eines der

---

[5] Das ist eine deutsche Redewendung, die letztlich auf Carl Schmitt zurückzuführen ist. Der Nazi-Topjurist hat ein Buch mit dem Titel »Der Hüter der Verfassung« geschrieben. Darin wird dem Reichspräsidenten gegenüber dem Parlament die stärkere Stellung eingeräumt. Die Kommission als Hüter der Verfassung zu bezeichnen, knüpft an diese antidemokratische Tradition an und verrät viel über den Zustand der deutschen Rechtswissenschaften und gleichzeitig der EU.

Mitgliedstaaten. Die Anzahl der Abgeordneten eines Staates ist durch eine »Länderquote« festgelegt. Nach dem Lissabonner Vertrag soll jeder Mitgliedstaat mindestens sechs und höchstens 96 Abgeordnete entsenden können. Im Ergebnis repräsentiert ein Abgeordneter eine sehr unterschiedliche Anzahl von Wählerinnen. Das anzuwendende Wahlrecht wird in den Mitgliedstaaten festgelegt, so gilt in vielen eine Sperrklausel, die vom Bundesverfassungsgericht für die Europawahlen in Deutschland verworfen wurde. In Griechenland und Zypern gibt es eine Wahlpflicht und in vielen Mitgliedstaaten sogenannte Vorzugsstimmen, d.h. Kandidatinnen der Liste können von hinteren auf vordere Plätze gewählt werden. Das EP ist legislatives Organ, aber nur mit einer zweiten Kammer auf nationaler Ebene vergleichbar. Das Parlament muss nämlich keineswegs allen Rechtsakten der EU zustimmen. Bei einigen Rechtsakten muss das Parlament nur angehört werden. Die Gesetzgebungsverfahren, bei denen das Parlament zustimmen muss, nennt der Vertrag »ordentliches Gesetzgebungsverfahren«, das inzwischen für die Mehrzahl der Fälle gilt.

Die Gesetze der EU heißen *Rechtsakte* und man unterscheidet Primär- und Sekundärrecht. Das Primärrecht ist übersichtlich, es sind die Gründungsverträge der EU, also der geltende Lissabonner Vertrag. Alle übrigen Rechtsakte – das sind unübersichtlich viele – bilden das Sekundärrecht. Zu unterscheiden ist vor allem zwischen Verordnungen und Richtlinien. *Verordnungen* gelten unmittelbar in allen Mitgliedstaaten, d.h. eine Umsetzung durch den Mitgliedstaat ist nicht erforderlich. Die Bürger werden direkt verpflichtet oder erhalten direkt neue Rechte. Anderes gilt für *Richtlinien*. Sie richten sich zunächst an die Mitgliedstaaten und verpflichtet diese, den Inhalt in nationales Recht zu gießen. Erst dieses ist für die Bürgerinnen und Bürger eines Landes bindend. Die Richtlinien sind allerdings häufig so detailliert und engmaschig, dass den EU-Mitgliedstaaten nichts bleibt, als sie wörtlich ins nationale Recht zu übernehmen. Daneben gibt es Ausführungsverordnungen und »Soft Laws«, das sind Empfehlungen oder Stellungnahmen.

Beabsichtigt war auch, dass die EU nur dort tätig wird, wo zwingend europäische Regelungen erforderlich sind (Subsidiaritätsprinzip). Deshalb gibt es schon lange die *Subsidiaritäts-klausel*, die den ersten Zugriff theoretisch den Mitgliedstaaten zuweist. Es blieb bei der Theorie. Die EU hat sich über die Kompetenz für das Wirtschaftsrecht beinahe alle Regelungsbereiche unter den Nagel gerissen und sie regelt teilweise grotesk übermäßig. Bekannt sind die Regelungen zum Krümmungsgrad der Gurke oder zum Belag der Pizza Napolitana – glücklicherweise hält sich niemand an diesen Unsinn.

Der *Europäische Gerichtshof* (EuGH) ist das judikative Organ der Union. Wie bei der Kommission entsendet jeder Mitgliedstaat einen Richter an den EuGH. Der EuGH entscheidet darüber, ob das Sekundärrecht mit dem Primärrecht vereinbar ist – so etwa, ob die Vorratsdatenspeicherung den Grundrechten widerspricht. In der Praxis ist aber eine andere Kompetenz wichtiger: Der EuGH prüft, ob die Mitgliedstaaten europäisches Recht, also die Richtlinien, korrekt in nationales Recht umgesetzt haben. Beispiel: Die BRD hat das europäische Naturschutzrecht, die FFH-Richtlinie, verspätet und schlecht umgesetzt und wurde deshalb mehrmals vom EuGH verurteilt.[6]

Man könnte nun meinen, die Kontrollkompetenz des EuGH sei ein stumpfes Schwert, weil es in der EU anders als in Staaten kein Gewaltmonopol gibt. Das heißt, die Urteile des EuGH können nicht vollstreckt werden; es gibt keine europäische Polizei oder Armee, die ein Urteil des EuGH gegen einen Mitgliedstaat durchsetzen könnte. Trotzdem funktioniert das europäische Rechtssystem halbwegs. Das heißt, dass die Mitgliedstaaten sich freiwillig an die Urteile des EuGH halten. Das gilt jedenfalls für die normative Ebene, also für die Rechtsangleichung. Große Unterschiede dürften im Gesetzesvollzug existieren, also der Anwendung des Rechts in der Praxis. Nur ist es viel zu aufwendig, den Vollzug zu kontrollieren, deshalb behilft sich der Jurist mit einer etwas verschrobenen Weltsicht, nach der staatliche Institutionen Gesetze grundsätzlich befolgen. Das ist ebenso wahrscheinlich wie die jungfräuliche Geburt.

---

[6] Nach der dritten Verurteilung drohen Strafzahlungen von empfindlicher Höhe, denen die BRD knapp entkommen ist.

Nationale Gesetze können auf verschiedenen Wegen zum EuGH kommen. Erstens kann die Kommission oder es können Mitgliedstaaten einen anderen Mitgliedstaat vor dem EuGH verklagen, weil dieser Europarecht nicht einhält. Die Mitgliedstaaten klagen selten gegeneinander, das gilt als unfein, die Rolle übernimmt die Kommission allerdings gern. Zweitens können nationale Gerichte eine nationale Rechtsvorschrift dem EuGH mit der Frage vorlegen, ob denn das nationale Recht mit dem Europarecht vereinbar sei (Vorabentscheidungsverfahren). Der EuGH nimmt dann Stellung zu der Frage, welche das nationale Gericht in seiner Entscheidung berücksichtigen muss. Beispielsweise legte das Kammergericht Berlin aufgrund der Klage eines TUI-Aktionärs dem EuGH die Frage vor, ob die deutsche Unternehmensmitbestimmung mit Europarecht vereinbar sei. Der EuGH entschied: Ja, das sei sie, die Arbeitnehmer würden nicht diskriminiert. Das Berliner Gericht musste also die Klage abweisen. Viele fürchteten, dass der EuGH das deutsche Mitbestimmungsmodell kippen würde, das geschah dann später und weniger offensichtlich.

## 2.4 Die Wirtschaftsverfassung der EU

Grundlegend heißt es in Art. 120 AEUV: »Die Mitgliedstaaten und die Union handeln im Einklang mit dem Grundsatz einer *offenen Marktwirtschaft mit freiem Wettbewerb*, wodurch ein effizienter Einsatz der Ressourcen gefördert wird, und halten sich dabei an die in Artikel 119 genannten Grundsätze.« Auch die Europäische Zentralbank wird in Art. 127 explizit auf die offene Marktwirtschaft verpflichtet. Ziel der Europäischen Verträge ist die Herstellung eines gemeinsamen freien Binnenmarktes. So bestimmt Art. 26 AEUV: »Der *Binnenmarkt* umfasst einen Raum ohne Binnengrenzen, in dem der freie Verkehr von Waren, Personen, Dienstleistungen und Kapital gemäß den Bestimmungen der Verträge gewährleistet ist.« Nun lässt sich ein gemeinsamer Binnenmarkt in sehr unterschiedlicher Form herstellen – etwa auch in Form eines »geschlossenen Handelsstaates« (Fichte). Als 1871 der deutsche Binnenmarkt »vollendet« wurde, verstaatlichte Bismarck die Eisenbahn, privatisierte sie nicht etwa.

Es brauchte kein Subventionsverbot oder die Beseitigung nicht tarifärer Handelshemmnisse, um einen deutschen Binnenmarkt herzustellen; der Binnenmarkt braucht keinen unkontrollierten Finanzmarkt oder die Reduzierung der wirtschaftspolitischen Ziele auf die Bekämpfung der Inflation. Das heißt, die EU wählte eine spezifische Form des Binnenmarktes, sie setzt auf eine Wettbewerbs- und *radikale Marktordnung*. Um sie herzustellen, wird die »offene Marktwirtschaft« und die allgemeine Zielbestimmung »gemeinsamer Binnenmarkt« durch die Wirtschaftsverfassung im AEUV konkretisiert.

Im Mittelpunkt der Entwicklung der Wirtschaftsgemeinschaft stand von Beginn an die Gewährleistung von sogenannten *Grundfreiheiten*, die auch noch heute einen zentralen Stellenwert in der Wirtschaftsverfassung der EU einnehmen. Das sind die

- Kapitalverkehrsfreiheit;
- Warenverkehrsfreiheit;
- Dienstleistungsfreiheit;
- Personenverkehrsfreiheit (darunter: Niederlassungsfreiheit für Arbeitgeber und Arbeitnehmerfreizügigkeit) und die
- Zahlungsverkehrsfreiheit.

Um einen gemeinsamen Binnenmarkt herstellen zu können, hat die EU nach Art. 114 AEUV die Kompetenz, Rechtsvorschriften zu *harmonisieren*, was regelmäßig den Verkehr von Waren, Dienstleistungen usw. erleichtert, weil einheitliche Regelungen gelten. Man unterscheidet die Mindestharmonisierung, was bedeutet, dass stärkere nationale Schutzvorschriften eingeführt werden können. Das gilt z.B. für das Umweltrecht. Daneben gibt es die Vollharmonisierung, wo abweichende Vorschriften verboten sind. Das ist mittlerweile die häufigere Form. Daneben gibt es die Möglichkeit der gegenseitigen Anerkennung von Normen, etwa der Zulassung von technischen Geräten, Arzneimitteln und anderem. Bestimmte Bereiche sind jedoch von einer Harmonisierung ausgenommen. Dazu zählen vor allem Bildung, Kultur, Soziales und Steuern.

Die Form der Harmonisierung im Bereich der Wirtschaft ist regelmäßig durch Marktöffnung, Einführung von Wettbewerb und Privatisierung geschehen. Hier sind besonders die ehemals staatlichen *Infrastrukturen* zu nennen, also die Eisenbahn, Post, Telekommunikation und die Energienetze. In diesen Bereichen bestand bis in die 1980er Jahre ein staatliches Monopol. Art. 170 AEUV schreibt nun in ziemlich umständlicher Form vor, dass für diese Bereiche Wettbewerb eingeführt werden soll. Den Auftrag setzt die Kommission seit den 1990er Jahren um und erließ entsprechende Richtlinien, die zu einer schrittweisen Liberalisierung bis zur völligen Marktöffnung 2007 und Entflechtung von Netzbetrieb und Vertrieb führten. Das Ziel war, geringere Preise durch mehr Wettbewerb zu erreichen. Die Umsetzung führte zu massiven Privatisierungen in diesen Bereichen der Daseinsvorsorge und regelmäßig zu einer Kostensteigerung, Leistungsreduzierung und schlechteren Entlohnung der Beschäftigten.

Art. 107 AEUV bestimmt, dass »*Beihilfen* gleich welcher Art, die durch die Begünstigung bestimmter Unternehmen oder Produktionszweige den Wettbewerb verfälschen oder zu verfälschen drohen, mit dem Binnenmarkt unvereinbar« sind. Beihilfe nennt man umgangssprachlich Subvention. Der Begriff wird sehr weit gefasst. Als Beihilfe zählt jegliche freiwillige staatliche Leistung, die Unternehmen begünstigen ohne eine marktförmige Gegenleistung zu erhalten, also z.B. auch Bürgschaften oder die Schaffung von Infrastruktur. Alle Beihilfen von über 200.000 Euro müssen der Kommission angezeigt und genehmigt werden. Mit dem Subventionsverbot wird eine bestimmte Form der Industriepolitik, die in der BRD in den 1970er Jahren stark betrieben wurde, weitgehend unmöglich. Aber natürlich gab es einen Binnenmarkt in der BRD – das Beihilfeverbot hat nichts mit Binnenmarkt zu tun, sondern mit Wettbewerbsideologie.

Mit dem Euro wurde ein System von Zentralbanken geschaffen, das gewöhnlich abgekürzt als *EZB* bezeichnet wird. Die EZB ist die Zentralbank der 19 Mitgliedstaaten der EU, die den Euro eingeführt haben. Das oberste Organ der EZB ist ihr Rat. Er besteht aus den Mitgliedern des Direktoriums der EZB und den Präsidenten der nationalen Zentralbanken der Mitgliedstaaten, deren Währung der Euro ist. Das Direktorium besteht aus sechs Personen. An der Spitze der EZB steht der EZB-Präsident. Die EZB ist rechtlich unabhängig, d.h. unterliegt keinen Weisungen und keiner Kontrolle durch die Politik. Demokratie findet innerhalb der Zentralbank nicht statt. Die Bundesrepublik hat extra ihre Verfassung geändert (Art. 88 GG), um eine »unabhängige« EZB durchzusetzen. Trotz fehlender demokratischer Kontrolle ist die EZB ausgesprochen mächtig.

Die EZB ist zwar unabhängig von politischen Weisungen, aber auf ein bestimmtes Ziel verpflichtet, das Art. 127 AEUV so beschreibt: »Das vorrangige Ziel des Europäischen Systems der Zentralbanken (im Folgenden ›ESZB‹) ist es, die Preisstabilität zu gewährleisten.« Vorrangiges Ziel ist also die *Inflationsbekämpfung*. Das heißt aber umgekehrt: Verringerung der Arbeitslosigkeit, Förderung von Wachstum oder eine ausgeglichene Handelspolitik sollen in der Politik der EZB eine untergeordnete Rolle spielen. Darin unterscheidet sich die EZB von den Zentralbanken anderer großer Währungen, wie der US-Federal Reserve Bank, der Bank of England oder der japanischen Zentralbank, die gleichrangig Wachstum und Beschäftigung fördern müssen. Und es gibt noch einen weiteren grundsätzlichen Unterschied: Sie darf nicht die Funktion erfüllen, für die Zentralbanken eigentlich erfunden wurden, nämlich einen Staatsbankrott zu verhindern. Das ist die Funktion des »lenders of last resort« des *Geldgebers der letzten Zuflucht,* die der EZB ausdrücklich untersagt ist. Allerdings umgeht der aktuelle EZB-Präsident Mario Draghi das Verbot durch kreative Interpretation der Regeln und kauft – regelkonform – Staatsanleihen aller Mitgliedstaaten auf dem Sekundärmarkt, auch von solchen, die es wie Deutschland nicht nötig haben. Damit hält er gleichzeitig Italien über Wasser. In Deutschland ist die Preisstabilität eines von vier wirtschaftspolitischen Zielen, die nicht mit Verfassungsrang, sondern einfach gesetzlich abgesichert sind.[7] Die Bundesbank allerdings, der

---

[7] In § 1 Gesetz zur Förderung der Stabilität und des Wachstums der Wirtschaft heißt es: »Die Maßnahmen sind so zu treffen, daß sie im Rahmen der marktwirtschaftlichen Ordnung gleichzeitig zur Stabilität des Preisniveaus, zu einem hohen Beschäftigungsstand und außenwirtschaftlichem Gleichgewicht bei stetigem und angemessenem Wirtschaftswachstum beitragen.«

ebenfalls durch einfaches Gesetz ein unabhängiger Status verliehen wurde, agierte seit den späten 1970er Jahren als Wächter der Preisstabilität, was in der Regel zulasten der Arbeitslosenquote ging, deren Höhe die Bundesbank bis 2001 zugunsten der Preisstabilität zumindest in Kauf nahm. Mit Einführung des Euro wird diese Politik von der EZB betrieben.

Die EZB soll die Geldmenge durch die Mindestreservepolitik, d.h. durch die Festlegung von Reserven der nationalen Banken bei der EZB, steuern. So legt die EZB direkt oder indirekt das Zinsniveau fest. Und sie kann Offenmarktgeschäfte tätigen, d.h. Wertpapiere kaufen und verkaufen, um so das Zinsniveau und die Geldmenge zu steuern.

Die EZB steuert die Ausgabe von Banknoten, also Euroscheinen, d.h. sie ist zuständig für die Ausgabe von Bargeld (Art. 128 (1) AEUV). Das scheint nicht besonders relevant zu sein, läuft doch der meiste Transfer bargeldlos ab. In der Krise 2015 weigerte sich die EZB jedoch, Griechenland Bargeld zur Verfügung zu stellen – das war zwar erpresserisch, aber legal. Die Griechen wollten sich aber vor einer drohenden Umstellung auf die Drachme oder vor Bankenpleiten absichern und möglichst viele Euro-Scheine in Reserve haben. So drohte ein Schwarzer Freitag, was bedeutet, dass die Banken nicht in der Lage sind, die Guthaben der Bürger auszuzahlen. Um eine Zahlungsunfähigkeit der Banken zu vermeiden, gab die griechische Regierung nach und akzeptierte das von der Troika diktierte Sparprogramm für Griechenland, obwohl die Bürger im Volksentscheid dagegen gestimmt hatten. Offensichtlicher lässt sich Demokratie nicht mit Füßen treten. Nach der Bankenkrise 2008ff. wurden Teile der Bankenaufsicht auf die EZB übertragen. Viele meinen, damit wurde der Bock zum Gärtner gemacht.

Mit dem Maastrichter Vertrag einigten sich die MS im sogenannten *Stabilitätspakt* auf Kriterien über die Höhe der Staatsverschuldung. Die Quote gilt für alle MS, nicht etwa nur für die Euro-Länder. Demnach werden Mitgliedstaaten verpflichtet, übermäßige Defizite zu vermeiden (Art. 126 (1) AEUV). Genaueres findet sich in den Protokollen zum Vertrag. Dort wird normiert, dass die Neuverschuldung nicht mehr als 3% des Bruttoinlandsprodukts (BIP) betragen darf. Die Gesamtverschuldung darf nicht höher als 60% des BIP sein. Beide Kriterien werden häufig nicht eingehalten. Die Gesamtverschuldung liegt für fast alle Staaten deutlich höher: BRD 64%, Frankreich 96%, Belgien 100%, Italien 130%. Schlusslicht war 2017 Griechenland mit Staatsschulden von ca. 170% des BIP. Die Kreditobergrenze hat sich als wichtiges Instrument erwiesen, um die nationalen Parlamente zu disziplinieren, d.h. ihr zentrales Recht, nämlich über die Finanzen zu beschließen, wird damit eingeschränkt.

# 3. Die marktradikale Ordnung der EU – Demokratiedefizit material

Gegenwärtig zerstört die EU ihre eigenen Grundlagen, nämlich den politischen Liberalismus, weil ihre marktradikale Wirtschaftsordnung zu sozialen Verwerfungen führt. Wieso aber ist der politische Liberalismus eine Grundlage der EU? Die EU ist konzipiert als Binnenmarktprojekt, das wesentlich durch eine Konkurrenzordnung zu charakterisieren ist. Der Binnenmarkt in einer Konkurrenzordnung setzt voraus, dass die Marktteilnehmer als freie und gleiche Rechtssubjekte und ökonomische Subjekte anerkannt werden oder als freie und gleiche Subjekte konstituiert werden. Zwischen ungleichen und unfreien Marktteilnehmern kann eine Konkurrenzordnung nicht funktionieren oder in der euphemistischen Sprache des Neoliberalismus: »Fairer Wettbewerb« braucht freie und gleiche Marktteilnehmer.

Das hieß für das europäische Projekt, dass die Nationen und deren Bürger als Gleiche anerkannt werden oder in der Sprache des europäischen Rechts: Das zentrale Prinzip der EU ist das Diskriminierungsverbot. In der Tat: Wenn in der EU etwas funktioniert und funktionieren musste, dann ist das die Durchsetzung der Antidiskriminierung. Weil sie zum Prinzip wurde, griff sie über vom Verbot wirtschaftlich diskriminierender Maßnahmen zum allgemeinen Grundsatz des Diskriminierungsverbotes. So belebte der EuGH, der ansonsten wenig Lob verdient, die Figur der mittelbaren Diskriminierung,[8] die er ebenso verbot wie die Altersdiskriminierung. Weil die Anerkennung von Freiheit und Gleichheit allgemein wurde, ging der Wirtschaftsliberalismus der EU eine eigentümliche Verbindung mit dem politischen Liberalismus ein – und er musste sie jenseits des Nationalstaates eingehen. Einen ersten Knacks erhielt die Verbindung mit der

---

[8] Mittelbare Diskriminierung bedeutet, dass bei einer Regelung scheinbar an ein neutrales Merkmal angeknüpft wird, damit aber faktisch eine Gruppe benachteiligt wird. Beispiel: Betriebsrenten wurden nur für Vollzeitbeschäftigte eingeführt. Das war faktisch eine Diskriminierung weiblicher Arbeitskräfte, weil diese statistisch häufiger Teilzeit arbeiteten.

Aufnahme der osteuropäischen Staaten, die sich von Anfang an wenig um die Gleichheit ihrer Minderheiten, seien es Russen oder Sinti und Roma, kümmerten.

Im Rahmen der Erörterung der Wirtschaftsverfassung wurde angedeutet, warum man zu dem Ergebnis kommen kann, dass die EU sich eine marktradikale Wirtschaftsverfassung zugelegt hat. Das ist nun zu konkretisieren, insbesondere sind die sozialen Auswirkungen zu erläutern, die wiederum den politischen Liberalismus der Union untergraben. Der Aufstieg von AfD, FPÖ oder Front National sind zwar nicht ausschließlich, aber doch in beträchtlichem Maß offensichtliche Resultate. Dabei ist zunächst zu zeigen, dass die erwähnten Grundfreiheiten der EU einen Bedeutungswandel erlebt haben, d.h. zu wirtschaftsliberalen Freiheiten umgeschrieben wurden, welche soziale Grundrechte aushebeln.

## 3.1 Strukturelle Fehlentscheidungen

*Grundfreiheiten*
Schon die Römischen Verträge von 1957 normierten in den Bestimmungen über die Warenverkehrsfreiheit, dass mengenmäßige Einfuhrbestimmungen sowie alle Maßnahmen gleicher Wirkung zwischen den Mitgliedstaaten verboten sind (Art. 30 EWG 1957). Diese Grundregel findet sich bis heute im Primärrecht der EU (Art. 34 AEUV), wenngleich das Verbot heute kategorischer formuliert ist, weil (zeitliche) Einschränkungen weggefallen sind. Mengenmäßige Beschränkung meint im Ursprung die Kontingentierung von Warenexporten oder -importen, etwa dass nur die Einfuhr von x Tonnen T-Shirts erlaubt wird. Diese Norm schlummerte bis Ende der 1970er Jahre weitgehend unbeachtet vor sich hin, bis sie vom EuGH aus dem Dornröschenschlaf gerissen wurde. In der sogenannten Dassonville-Entscheidung (EuGH Rs. C-8/74) subsumierte das Gericht weitgehend alle nationalen Produktregelungen, welchen Zweck sie auch immer verfolgten, der »Maßnahme gleicher Wirkung«, die ebenso wie eine mengenmäßige Einfuhrbeschränkung nach den Verträgen verboten sei. Das wurde in späteren Entscheidungen relativiert und be-

stimmte Regulierungsgründe wie etwa der Schutz der menschlichen Gesundheit für zulässig erklärt. An eine derart extensive Auslegung der Warenverkehrsfreiheit war bei Abschluss der Römischen Verträge sicher nicht gedacht worden. Die deutsche Politik, konkret Konrad Adenauer, hat sicher nicht bedacht, dass dereinst das Verbot »mengenmäßiger Beschränkungen« dazu herhalten könnte, das uralte Reinheitsgebot für deutsches Bier der »Maßnahme gleicher Wirkung« zu verstehen und damit als europarechtswidrig zu kippen (EuGH Rs. C-178/84).

Mit dieser Rechtsprechung hat der EuGH den Startschuss in eine neue neoliberale Konkurrenzordnung gegeben. Startschuss bedeutet natürlich nicht, dass die Richter bewusst eine Entwicklung auf den Weg brachten oder gar deren Ergebnis, also die Änderung der gesellschaftlichen Beziehungen – verstanden als politische, soziale, ökonomische und industrielle Beziehungen – im vorhinein planten oder auch nur ahnten, wie die Entwicklung verlaufen könnte. Und selbstverständlich hätte diese Entscheidung politisch zurückgeholt werden können – das Gegenteil war aber der Fall: Die Politik griff den Faden auf und in vielen Fällen auch sehr gern. Denn auf diese Weise ließen sich unpopuläre Maßnahmen des neoliberalen Umbaus als »Sachzwang« verkaufen. Der EuGH hat auf die Tube gedrückt und den Verbraucher- und Umweltschutz und regionale Besonderheiten dem einheitlichen Binnenmarkt geopfert, wobei die Einheitlichkeit immer nur für die großen Konzerne bestand. Damit hat er seine Kompetenzen überschritten und dem Gesetzgeber ins Handwerk gepfuscht. Dafür wird er von den Gläubigen des Europarechts als »Motor des Integrationsprozesses«[9] gefeiert. Bei ihrer Huldigung übersehen sie nur, dass Gerichte nicht die Funktion eines Motors übernehmen dürfen, wollen sie die demokratische Kompetenzverteilung nicht verletzen.

Der EuGH wurde damit zu einem der Akteure, der auf die Krise des fordistischen Modells in den 1970er Jahren reagierte. Diese Krise hatte verschiedene Dimensionen: Es war schon eine

---

[9] www.eu-info.de/europa/europaische-institutionen/Europaeischer-Gerichtshof/.

ökologische Krise – die Nutzung der Umwelt hatte deutlicher als heute spürbar negative Effekte für die Lebensbedingungen der Menschen. Die Krise hatte eine ökonomische Dimension, die als Scheitern keynesianischer Krisenpolitik und damit als Verlust der Steuerbarkeit der Ökonomie reflektiert wurde. Es handelte sich um eine Überakkumulationskrise, welche die Verwertungsbedingungen des Kapitals in der alten Form, d.h. in der Form industrieller Massenproduktion, verschlechterte und so zur Suche nach neuen Anlagemöglichkeiten führte. Und es war – deutlich sichtbar – eine ideologische Krise oder Hegemoniekrise, die »Legitimationsprobleme im Spätkapitalismus« (Habermas 1973) erhoffen und auf der anderen Seite befürchten ließ. Der Weg in eine europäische Wettbewerbsordnung war im Ergebnis eine Antwort auf alle drei Dimensionen der Krise – der Auftakt des EuGH der Beginn einer Suchbewegung.

In einer Reihe von vergleichsweise jüngeren Urteilen hat der EuGH das Arbeitsrecht und das Arbeitskampfrecht in den Mitgliedstaaten unter den Vorbehalt der Vereinbarkeit mit der Dienstleistungs- und Niederlassungsfreiheit gestellt. Arbeitskampfmaßnahmen dürfen nach dieser Rechtsprechung nicht unverhältnismäßig in die wirtschaftlichen Grundfreiheiten, nämlich die Dienstleistungs- und Niederlassungsfreiheit der Unternehmen, eingreifen. Durch diese extensive Auslegung wird das nationalstaatliche Arbeitsrecht auf den Kopf gestellt, die Beziehungen zwischen Gewerkschaften und Unternehmen grundsätzlich zulasten der Gewerkschaften modifiziert.

Im Fall Laval (EuGH Rs. C-341/05) hatte eine in Lettland ansässige Baufirma im schwedischen Vaxholm einen Auftrag angenommen. Sie brachte ihre eigenen Arbeiter über die Ostsee mit und bezahlte diese nach dem lettischen Tariflohn, der weniger als halb so hoch war wie der schwedische. Einer Aufforderung, sich an den schwedischen Tarifvertrag zu halten, kam die Firma nicht nach. Daraufhin verhängte die Bauarbeitergewerkschaft eine Blockade über die Baustelle – eine nach schwedischem Arbeitskampfrecht zulässige und übliche Reaktion. Das lettische Unternehmen kündigte den Auftrag und klagte gegen die Blockade. Der Fall Viking (EuGH Rs. C-438/05) war ähnlich gelagert. Zwischen Helsinki (Finnland) und Talinn (Estland) verkehrt die Fähre Rosella, die der finnischen Firma Viking gehört. Weil estnische Konkurrenzfähren billiger waren, wollte Viking, dass Rosella unter estnischer Flagge mit estnischen Seeleuten fährt, um keine finnischen Tarife mehr zahlen zu müssen. Die Gewerkschaft der finnischen Seeleute wollte dies verhindern und drohte mit Streik.

Der EuGH entschied in beiden Fällen, dass Streiks zwar grundsätzlich zulässig seien, aber immer auch einen Eingriff in die Grundfreiheiten, nämlich die Niederlassungsfreiheit des Unternehmers bedeuten. Dieser Eingriff kann zwar unter Umständen gerechtfertigt sein, wenn er verhältnismäßig ist. Entscheidend war aber die Grundüberlegung: Der grundrechtlich garantierte Streik wurde unter den Vorbehalt des gerechtfertigten Eingriffs in Grundfreiheiten gestellt. Das heißt anders gesagt: Die wirtschaftlichen Grundfreiheiten wurden den Menschenrechten über- oder mindestens gleichgeordnet. Das war nicht nur eine massive Aushöhlung des Streikrechts, sondern auch eine Abwertung der Menschen- oder Grundrechte insgesamt. Seitdem versucht die europäische Gesetzgebung über Entsenderichtlinien das Problem einzufangen. Der Grundsatz »gleicher Lohn für gleiche Arbeit am gleichen Ort« ist aber noch längst nicht verwirklicht, wobei die kriminelle Energie von Unternehmen und Subunternehmen nicht zu unterschätzen ist. In den großen Städten der Republik haben sich regelrechte Arbeiterstriche entwickelt, wo EU-Bürger sich für einen Hungerlohn als Tagelöhner verdingen. Der Konflikt zwischen Visegrád-Staaten und den nordwestlichen Mitgliedstaaten beruht auch auf dem »Geschäftsmodell« der osteuropäischen Staaten, die einen Teil des Nationaleinkommens durch den Arbeitseinsatz bei den nordwestlichen Nachbarn erwirtschaften. Das allerdings setzt voraus, dass Lohn und Sozialleistungen des Herkunftsstaates zu zahlen sind und nicht gleicher Lohn am gleichen Ort.

Die nächste Grenzüberschreitung des EuGH ist absehbar. Im Sommer 2017 entschied das Gericht im Fall TUI noch, dass die betriebliche Mitbestimmung in deutschen Unternehmen nicht gegen die Arbeitnehmerfreizügigkeit verstößt und deshalb europarechtskonform ist (EuGH Rs. C-566/15). Im Januar 2018 erlaubte der EuGH Unternehmen jedoch, ihre Rechtsform grenzüberschreitend zu wählen, also etwa statt nach deutschem eine Gesellschaftsform nach spanischem oder rumänischem Recht zu wählen. Nach der Entscheidung ist ein solcher Formwechsel auch dann zulässig, wenn nur der satzungsmäßige Sitz des Unternehmens verlegt wird, nicht etwa die Produktion verlagert wird (EuGh Rs. C-106/16 – »Polbud«).Das eröffnet Unternehmen ungeahnte Möglichkeiten, die deutschen Mitbestimmungsrechte zu umgehen. Es ist ein Anschlag auf die Mitbestimmung, für die die EU und erst recht der EuGH schlicht nicht zuständig sind. Die Grundfreiheiten sind in der Interpretation des EuGH ein Kernstück einer neoliberalen Wirtschaftsverfassung in der EU.

*Strukturelles Rattenrennen*
Mit den Europäischen Verträgen wurde eine europäische Wettbewerbsordnung, ein europäischer Wettbewerbsstaat (vgl. Hirsch 1998) oder ein Wettbewerbskonstitutionalismus (Deppe 2013: 11) etabliert, der die Konkurrenz innerhalb der alten Nationalstaaten als unentwickelt erscheinen lässt und der zu einer bisher – in ihrer Form – unbekannten Konkurrenz zwischen den alten Nationalstaaten geführt hat. Die Entfesselung des europäischen Marktes bedeutet – entgegen der neoliberalen Ideologie – nicht nur Deregulierung. Der freie Markt funktioniert nur in der Theorie der Fundamentalisten ohne Regeln. Um den Austausch von Waren und Dienstleistungen tatsächlich zu ermöglichen, müssen Märkte gleichsam kompatibel werden. Das ist ganz offensichtlich etwa beim Eisenbahnverkehr. Dort kann nur länderübergreifend Wettbewerb stattfinden, wenn mindestens garantiert ist, dass französische Waggons auch auf spanischen Schienen fahren können. Das war eine Zeit lang tatsächlich ein Problem.[10] Deshalb schreibt Art. 170 AEUV vor, dass die Netze vereinheitlicht werden müssen, es soll in der EU-Sprache die »In-

---

[10] Spanien hatte aus militärischen Gründen breitere Schienen gewählt, damit französisches Militär auf diesem Wege nicht in Spanien eindringen konnte.

teroperabilität der einzelstaatlichen Netze« hergestellt werden. Eine europäische Richtlinie konkretisiert diese Vorgabe.

Der Markt braucht Regulierung; das Recht konstituiert erst einen »funktionierenden« Markt. Die europäische Regulierung schuf eine besondere Form des Wettbewerbs auch zwischen den Nationalstaaten, nämlich einen Wettbewerb um den – in der Ära von Bundeskanzler Helmut Kohl den Diskurs beherrschenden – Standortvorteil. Viele Kostenfaktoren – aus der Sicht der Unternehmen – sind durch einheitliche Regulierungen, also durch die Harmonisierung des Rechts in der EU angeglichen. Man denke etwa an das Umweltrecht oder technische Standards. Für den Umweltschutz gilt von Finnland bis Malta und von Portugal bis Lettland ein gleicher Mindestschutz, der von den Mitgliedstaaten allenfalls unbedeutend überschritten wird. Dabei ist das deutsche Umweltrecht mehr oder weniger nach Europa exportiert und dann leicht modifiziert reimportiert worden. Im Ergebnis gelten die gleichen Grenzwerte für Schadstoffemissionen, egal, ob sie in Irland oder in Bulgarien aus dem Fabrikschornstein kommen. Das heißt aber aus der Perspektive der Unternehmen, dass in dieser Hinsicht die Ansiedlungskosten überall gleich hoch sind. Weiter braucht eine Marktwirtschaft Schutzvorschriften für die Bürger, etwa vor Produkten, welche die Gesundheit gefährden. Auch hier ist das Recht harmonisiert worden. So ist etwa die Nutzung von krebserregenden »Weichmachern« im Kinderspielzeug durch EU-Vorschriften eingeschränkt oder verboten worden. Wenn die gleichen Regeln gelten, kann der finnische Spielzeughersteller seine Produkte auch in Italien verkaufen und umgekehrt. Für einen »Investor« gilt: Dort, wo das Recht harmonisiert ist, bleibt es gleich, in welchem europäischen Land er investiert. Vorteile können sich dort ergeben, wo eben nicht harmonisiert ist.

Weil die Kompetenz der EU zur Harmonisierung insbesondere des Wirtschaftsrechts sehr weit ist, gilt das für viele Rechtsbereiche, aber eben nicht für alle. So liegt es nahe, dass der Wettbewerb der Staaten um Industrieansiedlungen in den Bereichen stattfindet, in denen es keine europäischen Vorgaben mangels entsprechender Kompetenz gibt. Das sind die Bereiche, in denen eine Standortkonkurrenz der Staaten um die Ansiedlung von Unternehmen entsteht und auch entstehen sollte. Zwei wichtige Bereiche, in denen eine Harmonisierung des Rechts nach den EU-Verträgen explizit ausgeschlossen ist, sind Steuern und Sozialversicherungssysteme. In der Steuerpolitik darf die EU nur indirekte Steuern beschließen. Das ist wichtig etwa für die Finanztransaktionssteuer. Die indirekten Steuern müssen allerdings einstimmig beschlossen werden, was meist kompliziert ist. Unternehmenssteuern oder Steuern auf Kapital sind aber direkte Steuern, die von der EU nicht geregelt werden dürfen (Art. 113 AEUV). Es sei denn, sie werden mit der Methode der sogenannten *Verstärkten Zusammenarbeit* realisiert.[11]

Versuchte die Kohl-Regierung, den Standort Deutschland über weiche Faktoren wie beschleunigte Genehmigungsverfahren zu verbessern, folgte die Regierung von Bundeskanzler Gerhard Schröder den strukturellen Vorgaben aus Europa und senkte mit Hartz IV, dem Ausstieg aus der paritätischen Krankenkassenfinanzierung und dem Absenken des Rentenniveaus, nicht nur Sozialleistungen und -beiträge, sondern auch das Lohnniveau. Ähnlich konsequent wurden die Unternehmenssteuern gesenkt. Irland und Tschechien führten Flatrate-Steuern ein, die entsprechend attraktiv für Konzerne wie Amazon oder Google sind. Andere Mitgliedstaaten der EU entwickelten sich zu »Steueroasen«, also zu bevorzugten Orten von Steuerhinterziehern, dazu gehören Malta, aber auch die Niederlande. Bekannt wurde schließlich, dass Luxemburg und Irland mit einigen Unternehmen die Steuersätze aushandelte, was zu entsprechend niedrigen Steuern für die Konzerne führte. Einer der Chefdealer, Jean-Claude Juncker, wurde dann Präsident der Kommission – andere mussten aus weit geringerem Anlass zurücktreten, aber im Interesse der Wirtschaft ist alles erlaubt. Die Kommission verlangt nun, dass Irland von Apple und Luxemburg von Amazon

---

[11] Demnach kann eine Koalition der Willigen von mindestens acht Mitgliedstaaten, die 60% der Bevölkerung repräsentieren und drei Viertel der Stimmen im Rat haben, auch ohne die anderen Projekte durchführen. Das ist der Fall bei der Finanztransaktionssteuer. EU-Vertrag, Art. 326, Art. 327 und Art. 329 AEU-Vertrag.

**Abb. 2: Steuerquoten des Bundes**

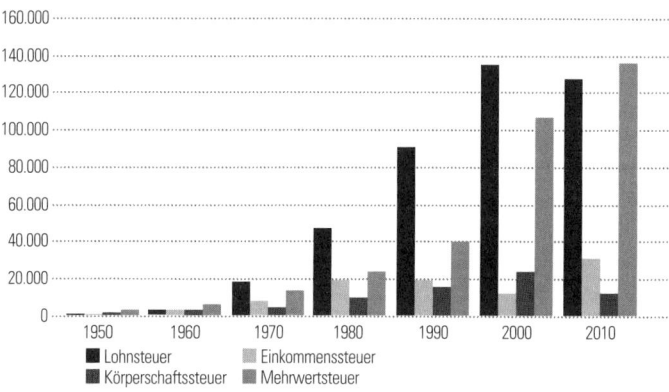

Quelle: Statistisches Bundesamt

die ausgehandelten Steuernachlässe zurückfordern, weil es sich um unzulässige Beihilfen handelt.

Kurz: Die europäische Wettbewerbsordnung produziert – ob nun intendiert oder nicht – einen strukturellen Druck auf Sozialleistungen und Unternehmenssteuern, der zu einem Dumpingwettbewerb führen muss. Ein solches Modell führt im Ergebnis dazu, dass die Einnahmen aus der Besteuerung für Unternehmen wegfallen. Das lässt sich auch für die Bundesrepublik zeigen, wenn man in einer langen Reihe die vom Statistischen Bundesamt ausgewiesenen Steuerquellen in ihrer Relation nebeneinander stellt (siehe Abb. 2). In den Jahren 1950 und 1960 lagen die Einnahmen aus Lohn-, Einkommens- und Körperschaftssteuer sehr dicht beieinander. Die meisten Einnahmen flossen dem Bund 1950 aus der Einkommenssteuer zu, während aus der Lohnsteuer ca. 10% und aus der Körperschaftssteuer ca. 30% weniger eingenommen wurden. Im Jahre 2000 ist die Lohnsteuer die Haupteinnahmequelle, 2010 überflügelt von der Mehrwertsteuer, während aus der Körperschaftssteuer nur noch weniger als ein Zehntel der Einnahmen fließen und aus der Einkommenssteuer ca. 30% weniger.

**3.1 Strukturelle Fehlentscheidungen**          **53**

## 3.2 Konstruktionsfehler

*Einheitliche Währung in unterschiedlichen Nationalökonomien*
Man kann darüber streiten, ob das Rattenrennen um niedrige
Steuern und Sozialabgaben für die Unternehmen von den Kons-
trukteuren der EU intendiert war,[12] ob es sich also um ein Projekt
handelt, dass nach einem neoliberalen Masterplan entstanden
ist, oder ob die marktradikale Grundauffassung, die den Verträgen sicher zugrunde liegt, zu nicht intendierten Effekten geführt hat. Eindeutig ist aber, dass die EU zwei Konstruktionsfehler aufweist, die sich auch aus der Perspektive von potenziellen
Ingenieuren einer neoliberalen Umverteilung und eines markt-
radikalen Umbaus der europäischen Gesellschaften als solche
darstellen. Dabei ist zunächst zu erwähnen, dass mit dem Maastrichter Vertrag von 1993 eine gemeinsame Währung für einen
heterogenen Wirtschaftsraum auf den Weg gebracht und mit
der Einführung als Bargeld 2002 Wirklichkeit wurde.

Bevor der Euro eingeführt wurde, waren sich Ökonomie
und Politik des Problems bewusst, das entsteht, wenn man in
ökonomisch unterschiedlich starken Ländern eine gemeinsame Währung einführt. Diese muss in Schwierigkeiten geraten,
wenn sich Produktivität, Lohnstückkosten und Inflation in verschiedenen Nationalökonomien unterschiedlich entwickeln.
Flassbeck und Lapavitsas haben in einer viel diskutierten Studie
das Problem folgendermaßen beschrieben: »In der Vergangenheit haben umfangreiche Belege und Literatur gezeigt, dass ein
System fester Wechselkurse nur ordnungsgemäß funktionieren
kann, wenn die Lohnstückkosten konvergieren und somit die
Notwendigkeit der Wechselkursflexibilität entfällt. In einem System fester Wechselkurse und in einer Währungsunion können
Unterschiede zwischen dem inländischen Kostenniveau (was im
Wesentlichen das Lohnniveau bedeutet) und dem internationalen Kostenniveau nicht durch eine Änderung des Wertes der In-

---

[12] Bekannt ist, dass der neoliberale Vordenker Hayek einen Staatenbund
favorisierte, damit demokratische Politik von der Einmischung ins Markt-
geschehen abgehalten wird.

landswährung gegenüber ausländischen Währungen korrigiert werden. In einer Währungsunion ist die richtige Anpassung von Löhnen und Preisen in jedem Mitgliedsland sogar noch wichtiger, weil es keinen leichten Ausweg und keine Notoption wie in einem System fester, aber anpassbarer Wechselkurse, wie Bretton Woods oder das EWS, gibt. In diesen Systemen konnten die nationalen Währungen immer wieder abgewertet werden, ohne dass es größere Störungen in den Volkswirtschaften der Länder und im internationalen Handel gab.« (Flassbeck/Lapavitsas 2013: 12) Mitglieder einer Währungsunion könnten zwar unterschiedlich starke Volkswirtschaften haben, sie müssten sich aber strikt an ein vereinbartes Inflationsziel halten oder anders gesagt, die Lohnentwicklung müsse der Produktivitätsentwicklung entsprechen, damit die Produkte des eines Landes nicht im Verhältnis zu den anderen Ländern billiger produziert werden können, so dass das starke Land auf Kosten der schwächeren exportiert. Wichtig sei, dass »beides ausgeschlossen ist: sowohl ein Land, das ›über seine Verhältnisse lebt‹, als auch ein Land, das ›unter seinen Verhältnissen lebt‹«. (Ebd.: 16)

Diese durchaus bekannte Einsicht verschwand im Zuge der deutschen Vereinigung. Der französische Präsident Mitterrand soll dieser nur unter der Bedingung zugestimmt haben, dass eine gemeinsame Währung eingeführt wird. Seine Intention mag gewesen sein, so das mächtiger gewordene Deutschland zu kontrollieren und/oder an der Stärke der deutschen Währung zu partizipieren. Die Rechnung ging aber nicht auf. Die Produktivität und Inflation in den Euro-Ländern entwickelte sich sehr unterschiedlich. Dazu noch einmal Flassbeck und Lapavitsas: »Seit dem Start der WWU sind die deutschen Lohnstückkosten, die wichtigste Determinante von Preisen und Wettbewerbsfähigkeit, unverändert geblieben. Dagegen überstieg das Wachstum der Nominallöhne in den meisten südeuropäischen Ländern das nationale Produktivitätswachstum und das gemeinsam vereinbarte Inflationsziel von 2 Prozent um eine kleine, aber ziemlich stabile Marge.« (Ebd.: 19ff.) Die Folge ist, dass Deutschland einen deutlichen Vorteil im innereuropäischen Handel erlangte, seine Produkte wurden im Vergleich billiger. Deutschland produziert einen Leistungsbilanzüberschuss, während die anderen Länder, insbesondere die südeuropäischen Euro-Staaten ein Defizit erwirtschafteten. Aus der Kluft in der Wettbewerbsfähigkeit entstand für den Süden ein Leistungsbilanzdefizit, das irgendwann beseitigt werden muss, da diese Staaten ansonsten auf den internationalen Kapitalmärkten ihre Kreditwürdigkeit verlieren.

Dazu gibt es zwei Möglichkeiten: Entweder wird eine Währung gegenüber der Währung des Landes mit Leistungsbilanzüberschuss abgewertet. Die Folge ist, dass dessen Produkte im Schwachwährungsland teurer werden, während die inländischen Produkte gleich teuer bleiben und mehr nachgefragt werden. Das lässt im Idealfall die inländische Wirtschaft des Schwachwährungslandes wachsen. Diese Option scheidet aber bei einer gemeinsamen Währung aus. Dann bleibt die sogenannte innere Abwertung. Das bedeutet, Löhne und Sozialleistungen werden gekürzt. Damit können weniger Produkte aus dem Überschussland, also Deutschland, importiert werden; die Leistungsbilanz gleicht sich aus und die Staatsausgaben sinken, sodass auch weniger Kredite aufgenommen werden müssen. Hört sich gut an. Allerdings wird dadurch die Nachfrage insgesamt reduziert, d.h. auch die Nachfrage nach inländischen Produkten. Ohne Nachfrage besteht aber keine Veranlassung, die Produktion zu steigern, d.h. die Wirtschaftsleistung sinkt, das Land kann in eine Rezession geraten. Und wichtiger: Die soziale Situation der Menschen verschlechtert sich – im Falle Griechenlands – dramatisch.

Nun ließe sich einwenden, dass auch Regionen innerhalb eines Nationalstaates eine unterschiedliche Entwicklungsdynamik aufweisen, was ein Vergleich etwa von Hessen mit Mecklenburg zeigt. Das bleibt aber irrelevant, weil der Raum von außen als einheitlicher Wirtschaftsraum gesehen wird: Die Inflation bleibt gleich und Staatsanleihen können zu gleichen Bedingungen aufgelegt werden. Das ist beim Euro anders. Tatsächlich ist es der Konstruktionsfehler, eine einheitliche Währung ohne einheitliche Ökonomie zu schaffen, das heißt, wenn nationale Rechnungslegung, Leistungsbilanz, nationale Verzinsung von Staatsanleihen und anderes fortbestehen. Gleichzeitig werden ökonomische Anpassungsprozesse durch Abwertung ausgeschlossen, sodass die Divergenzen sich anders »entladen« müssen, eben durch Druck auf Löhne und Sozialleistungen, durch höhere Verschuldung oder durch Blasenbildung. Kurz: Die einheitliche Währung hätte eine solidarische Staatengemeinschaft oder – anders ausgedrückt – eine Transferunion gebraucht. Die aber passte nicht ins Bild des neoliberalen Integrationsprozesses.

2008/09 geriet die Weltwirtschaft durch die große Finanzkrise in eine Rezession, es folgte eine erhöhte Kreditnachfrage der Staaten. Diese Staatskredite wurden wiederum zum Objekt von Spekulationen, sie wurden versichert, die Versicherungspolicen verkauft und zum Gegenstand von Finanzwetten, die im Ergebnis die Kredite für die Staaten weiter verteuerten. Die Euro-Länder Portugal, Irland, Italien, Griechenland und Spanien gerieten mit ihren Staatshaushalten in Refinanzierungsschwierigkeiten. Ihre Gesamtverschuldung wuchs rapide. Problematischer war, dass die Zinsen für neue Kredite eine Höhe erreichten, die nicht mehr tragbar waren, also einen ordnungsgemäßen Schuldendienst ausschlossen. Die von Griechenland verlangten Zinsen lagen teilweise über 10%, während Deutschland zur gleichen Zeit nur 3% zahlen musste. Es stand die Möglichkeit im Raum, dass Griechenland Insolvenz anmeldet, was unkalkulierbare Folgen für die ganze Euro-Zone gehabt hätte. Die Euroländer spannten deshalb sogenannte Rettungsschirme auf, erst übergangsweise den ESF, dann den ESM. Alle Euro-Länder zahlten je nach Finanzkraft in diese Fonds ein, die dann Darlehen an die Problemländer vergeben konnten. Entgegen der verbreiteten Auffassung wurde kein Euro verschenkt, die Gläubiger verdienten noch an der nur teilweise selbst verschuldeten Not der Schuldner – die Euro-Krise war Ergebnis der weltweiten Finanzkrise.

Bedingung für die Kreditvergabe war, dass die Staaten einen harten Kürzungskurs einschlugen. Verlangt wurden – unter Missachtung der Tarifautonomie – teilweise direkte Lohnkürzungen und selbstverständlich Kürzungen bei den Sozialausgaben. Das Ergebnis war besonders in Griechenland verheerend. Während die BRD im Jahre 2010 auf dem Weg war, das Minus von 5% der Wirtschaftsleistung in 2009 wieder auszugleichen, sank das BIP in Griechenland von 2008 bis 2013 um ca. 30%, danach pendelte es um Null und erst 2017 war ein kleines Wachstum von 1,7% zu verzeichnen.[13] Die als Austeritätspolitik bezeichneten Kürzungsorgien, d.h. die innere Abwertung war für das Land eine ökonomische und soziale Katastrophe. Mit dem sozialen Ausgleich wurde in Griechenland die Demokratie geopfert, was noch zu zeigen ist.

Kurz: Die Einheitswährung leidet unter einem gravierenden Konstruktionsfehler und das auch aus der Sicht von Marktideologen, die nämlich laut aufschrien, als Griechenland Kredite von den anderen EU-Staaten über die Rettungsschirme erhalten sollte. Der Euro wurde eingeführt unter Fortbestand sich ungleich entwickelnder Ökonomien und unter dem ausdrücklichen Verbot von Transferleistungen. Durch diese Konstruktion wird Druck auf die sozialen Sicherungen und Löhne erzeugt. Ist die Abwertung der Währung versperrt, so die Logik, bleibt nur die innere Abwertung, also die Senkung der Lohnstückkosten durch Senkung der Löhne, um die Leistungsbilanz zu korrigieren. Dieses Rezept wurde in Griechenland nach der Krise 2008 mit grandiosem Misserfolg vorexerziert und gleichzeitig die Reste europäischer Demokratie ruiniert.

Fazit: Wenn man die Konstruktionsfehler des Euro beheben will, müsste man die Integration vertiefen und die Disparitäten durch gemeinsame Wirtschafts- Finanz- und Sozialpolitik ergänzen. Im Prinzip also so vorgehen wie bei der Integration der neuen Bundesländer in die D-Mark nach der Wiedervereinigung. Der Euro sollte die EU enger zusammenführen, aber hat, wie Joseph Stiglitz in einem Interview mit dem Handelsblatt am 21.4.2016 feststellte, »Europa gespalten. Der beste Weg um das rauszukommen, wäre eine stärkere Zusammenarbeit. Wenn das aber nicht möglich ist, sollte man eine Auflösung der Euro-Zone erwägen.« Das Problem ist, dass beide Optionen aus politischen Gründen blockiert sind. So ist zu befürchten, dass der Euro die Ungleichgewichte weiter verstärken wird. Irgendwann könnte der Druck in den schwächeren Volkswirtschaften so stark wer-

---

[13] de.statista.com/statistik/daten/studie/14538/umfrage/wachstum-des-bruttoinlandsprodukts-in-griechenland/.

den, dass dann mit einseitigen Schritten, z.B. Austritt aus dem Euro, agiert wird.

*Kapitalverkehrsfreiheit*
Die Kapitalverkehrsfreiheit gehört mit zu den sogenannten Grundfreiheiten der EU. Sie muss aber gesondert diskutiert werden, weil sie in der Praxis Wirkungen zeigt, die auch halbwegs rationale Marktliberale als Konstruktionsfehler bezeichnen müssen. Im EWG-Vertrag von 1957, den sogenannten Römischen Verträgen, findet sich folgende Vorschrift zur Kapitalverkehrsfreiheit: »*Artikel 67* (1) *Soweit es für das Funktionieren des Gemeinsamen Marktes notwendig ist*, beseitigen die Mitgliedstaaten untereinander während der Übergangszeit alle Beschränkungen des Kapitalverkehrs in Bezug auf Berechtigte, die in den Mitgliedstaaten ansässig sind, und heben alle Diskriminierungen auf Grund der Staatsangehörigkeit oder des Wohnsitzes der Parteien oder des Anlageortes auf. (2) Die mit dem Kapitalverkehr zwischen den Mitgliedstaaten zusammenhängenden laufenden Zahlungen werden bis zum Ende der ersten Stufe von allen Beschränkungen befreit.« Die allgemeine Wirtschafts- und Währungspolitik war in den Verträgen von 1957 lediglich als »Angelegenheit gemeinsamen Interesses« eingestuft, die nicht durch gemeinsame Rechtsmaßnahmen, sondern lediglich in Form von »Empfehlungen an die Mitgliedstaaten« koordiniert werden sollte (Müller 2007). Der entscheidende Punkt ist, dass die Liberalisierung des Kapitalverkehrs unter den Erforderlichkeitsvorbehalt gestellt wird, was den Mitgliedstaaten gestattete, Kapitalverkehrsbeschränkungen beizubehalten. Dieses eingeschränkte und bedingte Postulat, den Kapitalverkehr zu liberalisieren, galt bis zum Maastricht Vertrag 1993.

Mit der Einheitlichen Europäischen Akte, die 1987 in Kraft trat, wurden Deregulierung und Liberalisierung zum Mittel der Wahl, um die Wettbewerbsfähigkeit der Volkswirtschaften in der EWG zu steigern (Pollak/Slomski 2012: 35). Dabei stand die Deregulierung und Liberalisierung der Kapitalmärkte noch nicht auf der Tagesordnung der Politik, obwohl mit dem Zusammenbruch des Systems von Bretton Woods schon eine Teilglobalisierung der Finanzmärkte stattfand. Diese bezog sich zunächst auf den Devisenmarkt. In den 1980er Jahren entstand dann ein globalisierter Markt für staatliche Schuldpapiere, der sich erst in den 1990er Jahren auf die Unternehmensfinanzierung über Kapitalmärkte ausweitete (Grahl 2003: 18 und 21ff.). Damit korrespondiert das europäische Ausbuchstabieren der Kapitalverkehrsfreiheit. Diese bestimmte die Agenda der Politik, als der Schritt in die Wirtschafts- und Währungsunion beschlossen wurde. Auf der Grundlage eines Berichts von Jaques Delors wurde ein Drei-Stufen-Plan beschlossen. Die erste Stufe begann 1990 mit einer Kapitalverkehrsliberalisierung und einer verstärkten Koordinierung der Währungspolitiken, es folgte 1994 die Errichtung des Europäischen Zentralbankensystems und nach einer vorübergehenden Fixierung der Wechselkurse die Einführung des Euro am 1. Januar 2002. Im Aktionsplan für Finanzdienstleistungen entwickelte die EU-Kommission (1999) ihre Vorstellungen eines Finanzbinnenmarktes, der durch eine Liberalisierung der Kapitalverkehrsregeln herzustellen sei.

Die geltende Regelung (Art. 63 (1) AEUV), ist so deutlich weiter gefasst als diejenige der Römischen Verträge: »Im Rahmen der Bestimmungen dieses Kapitels sind alle Beschränkungen des Kapitalverkehrs zwischen den Mitgliedstaaten sowie zwischen den Mitgliedstaaten und dritten Ländern verboten. (2) Im Rahmen der Bestimmungen dieses Kapitels sind alle Beschränkungen des Zahlungsverkehrs zwischen den Mitgliedstaaten sowie zwischen den Mitgliedstaaten und dritten Ländern verboten.« Hier gibt es ein striktes, uneingeschränktes Verbot, das einhellig als Gebot zur Liberalisierung, als »umfassende Liberalisierungspflicht« (Groeben/Schwarze/Hatje 2015: Art. 56, Rnr. 30) des Kapitalverkehrs verstanden wird. Das bedeutet, es dürfen mit Blick auf den Kapital- und Zahlungsverkehr keine Verbote und keine Genehmigungsvorbehalte bestehen, solange diese nicht ausnahmsweise gerechtfertigt sind. Die Kapitalverkehrsfreiheit gilt nicht nur innerhalb der EU, sondern auch im Außenverhältnis, also gegenüber Drittstaaten. Deshalb wurde z.B. die Besteuerung des Devisenhandels, die sogenannte Tobin-Steuer, von vornherein aus dem Projekt der Finanztransaktionssteuer herausgenommen, das seit 2013 von zehn Mitgliedstaaten verhandelt wird.

Explizite Abweichungsmöglichkeiten oder Ausnahmen sieht Art. 65 AEUV u.a. für Steuergesetze und die öffentliche Sicherheit vor. Die Verträge lassen Kapitalverkehrskontrollen[14] ausnahmsweise zu, wenn besondere Rechtfertigungsgründe vorhanden sind. Dauerhafte Kapitalverkehrskontrollen sind jedoch nur bei einer Umdeutung der EU-Verträge zulässig. Eine nachhaltige Re-Regulierung der Finanzmärkte widerspricht so dem Wortlaut, dem Ziel und der gegenwärtigen Auslegung der Kapitalverkehrsfreiheit im europäischen Primärrecht. Kapitalverkehrskontrollen waren die Lehre aus der Weltwirtschaftskrise 1929 und wurden von den europäischen Staaten in der ein oder anderen Form bis in die 1990er Jahre verwendet. 1994 hat Griechenland als letzter Mitgliedstaat der Europäischen Union seine Kapitalverkehrskontrollen abgeschafft (Huffschmid 1999: 121). Im Zuge der Finanz- und Währungskrise wurden für einzelne Staaten besondere Formen der Kapitalverkehrskontrolle ausnahmsweise und vorübergehend erlaubt. In Griechenland beispielsweise wurde die Höhe des Geldbetrages, der vom Konto abgehoben werden konnte, begrenzt.

Weil das europäische Primärrecht die Liberalisierungspflicht enthält, wurde im Bereich der Kapitalverkehrsfreiheit durch Deregulierung harmonisiert. Die Liberalisierung des Kapitalverkehrs erreichte hierzulande mit dem Investmentmodernisierungsgesetz der rot-grünen Koalition aus dem Jahre 2003 einen gewissen Höhepunkt. Veranlasst durch eine Änderung der OGAW-Richtlinie (EWG 1985/611) wurden in Deutschland bestimmte Geschäftspraktiken erlaubt, die typisch für Kapitalfonds, Private-Equity- oder Hedgefonds, sind, deren Ausbreitung von Franz Müntefering (SPD) später als Einfall der »Heuschrecken« beklagt wurde, obwohl er beteiligt war, als sie angelockt wurden.

---

[14] Kapitalverkehrskontrollen sind beispielsweise die Genehmigungspflicht für Finanztransaktionen (ab einer bestimmten Höhe), Begrenzung von Fremdwährungskrediten, Haltepflichten inländischer Währung bei Investitionen, Steuern auf Finanztransaktionen.

Unkontrollierte Finanzmärkte ermöglichen es den Beziehern hoher Einkommen, sich der Besteuerung in den Nationalstaaten zu entziehen, was die Einnahmesituation des Staates verschlechtert. Unkontrollierte Finanzmärkte schaffen einen virtuellen Reichtum, der von den Menschen, die reale Werte produzieren, verzinst werden muss. Sie schaffen eine extreme Umverteilung zu den leistungslosen Vermögensbesitzern. Schließlich generieren unkontrollierte Finanzmärkte nicht mehr kalkulierbare und beherrschbare Risiken in Form von »fantasievollen« Papieren, Zertifikaten und vielfältigen Möglichkeiten der Spekulation. Die Finanzkrise 2008 hatte eine Ursache in den liberalisierten Kapitalmärkten, die es ermöglichten, dass toxische Papiere als Derivate unkontrolliert aufgekauft werden konnten, was am Ende Auswirkungen auf die Kreditwürdigkeit und den Kapitalfluss zwischen den Banken hatte. Nur weil deregulierte Finanzmärkte bestanden, konnten 2008 die riskanten Immobilienkredite in den USA, die Subprime-credits, über die ganze Welt verbreitet werden und eine ungeheure Blase bilden, deren Platzen Banken und ganze Volkswirtschaften in den Abgrund zog.

Eine nachhaltige Re-Regulation der Finanzmärkte, wie sie nach dem Finanzmarktcrash 2008 von den G20 angekündigt wurde, hat in der EU anders als in den USA nicht stattgefunden. Die Re-Regulierung der Finanzmärkte wurde nicht nur deshalb zum Rohrkrepierer, weil die Interessen der Banken und anderer Spieler im globalen Kasino der Finanzwirtschaft mächtig sind. Vielmehr setzt das Europarecht eben durch die Kapitalverkehrsfreiheit der Re-Regulierung enge Grenzen.[15] Die radikale Kapitalverkehrsfreiheit, die auch gegenüber den Steueroasen, also den

---

[15] Einige sagen, dass es durch die Bankenunion der EU ausgeschlossen ist, dass sich die Krise von 2008 wiederholt; die EU sei auf einen Finanzcrash vorbereitet. Die Bankenunion beinhaltet drei Elemente: Erstens ein gemeinsames Insolvenzrecht, das es ausschließt, dass die Staaten für ihre Banken einspringen. Seine Wirksamkeit wurde schon widerlegt. Als 2016 die italienische Bank Monte dei Paschi kurz vor der Pleite stand, erhielt sie entgegen den Vorgaben im EU-Recht Hilfen vom Staat. Zweitens eine gemeinsame Bankenaufsicht durch die EZB – ob sie eine Krise verhindert, steht in den Sternen. Einige behaupten, der Bock wurde zum Gärtner gemacht. Drittens: einen Bankenabwicklungsfonds – nur gibt es den bisher

Paradiesen für Steuerhinterzieher, nur einstimmig eingeschränkt werden kann, zählt also mit zu den Konstruktionsfehlern der EU.

Warum wurden diese strukturellen Probleme der EU-Wirtschaftsordnung unter der Überschrift »materiales Demokratiedefizit« diskutiert? Demokratie meint auch in der durchaus beschränkten Form ausschließlich parlamentarischer Repräsentation, dass Regierungen abgewählt werden können. Das bedeutet aber nicht nur, dass Personen ausgetauscht werden, sondern meint auch, dass eine bestimmte Politikrichtung abgewählt und eine neue Politik vom Volk gewählt werden kann. Das setzt voraus, dass eine neue, andere Mehrheit auch eine andere Politik machen kann, dass ein Richtungswechsel in der Politik möglich ist. Verfassungen lassen dem parlamentarischen Gesetzgeber einen weiten Spielraum für unterschiedliche Entscheidungen und sie müssen das auch.

Um den Anforderungen an Demokratie zu genügen, müssen Verfassungen durch ein Mindestmaß an Offenheit gekennzeichnet sein, d.h. an Offenheit für einen Politikwechsel. Für das Grundgesetz hat das Bundesverfassungsgericht so mehrfach festgestellt, dass diese Offenheit besteht, weil es wirtschaftspolitisch neutral sei. Es formuliert wörtlich: »Das bedeutet, dass der Gesetzgeber jede ihm sachgemäß erscheinende Wirtschaftspolitik verfolgen darf, sofern er dabei das Grundgesetz, insbesondere die Grundrechte beachtet. Ihm kommt also eine weitgehende Gestaltungsfreiheit zu. Das darin zutage tretende Element *relativer Offenheit der Verfassungsordnung* ist notwendig, um einerseits dem geschichtlichen Wandel Rechnung zu tragen, der im besonderen Maße das wirtschaftliche Leben kennzeichnet, andererseits die normierende Kraft der Verfassung nicht aufs Spiel zu setzen.« (BVerfGE 50, 290, 336f.) Und an anderer Stelle: »Die gegenwärtige Wirtschafts- und Sozialordnung ist zwar eine nach dem Grundgesetz mögliche Ordnung, keineswegs aber die allein mögliche. Sie beruht auf einer vom Willen des Gesetzgebers getragenen wirtschafts- und sozialpolitischen Entscheidung,

---

nicht und es besteht keine Einigung, wer wieviel zahlen soll. Mit Krisenvermeidung hat das jedenfalls wenig zu tun.

die durch eine andere Entscheidung ersetzt oder durchbrochen werden kann.« (BVerfGE 4, 7/17f.)

Diese Offenheit der Verfassung als Voraussetzung eines demokratischen Prozesses – das sollte deutlich geworden sein – fehlt in den Verträgen der Europäischen Union. Die EU und ihre Mitgliedstaaten werden mit den Verträgen auf eine besondere Wirtschaftsordnung festgelegt; sie werden nicht nur auf eine kapitalistische, marktwirtschaftliche Ordnung eingeschworen, sondern auf eine bestimmte Form kapitalistischer Wirtschaftspolitik, für die sich der Begriff neoliberal durchgesetzt hat. Durch die wirtschafts- und sozialpolitischen Vorgaben der EU-Verträge ist ein Richtungswechsel selbst zu einer keynesianischen Wirtschaftspolitik, geschweige denn zu einer solidarischen, ökologischen Ökonomie ausgeschlossen. Das nennen wir »materiales Demokratiedefizit«.

# 4. Mängel und Umbau der demokratischen Entscheidungsprozesse

## 4.1 Demokratiedefizit – prozedural

Wenn vom Demokratiedefizit der EU gesprochen wird, bezieht man dies meist auf die Kompetenzverteilung zwischen den Institutionen und das Wahl- und Parteiensystem. Das nennen wir prozedurales Demokratiedefizit, das sich vom oben diskutierten materialen Demokratiedefizit unterscheidet und offensichtlicher ist.

In der EU besteht kein gleiches Wahlrecht zum Europäischen Parlament in einem doppelten Sinne. Immer noch sind die Wahlverfahren in den Mitgliedstaaten unterschiedlich[16] und es stellen sich nationale Parteien zur Wahl und keine europäischen.[17] Das heißt aber auch, dass es keine europäischen Programme für die EU-Politik gibt, sondern nur verschiedene nationale Programme. Das führt dazu, dass im Wesentlichen über nationale Fragen abgestimmt wird, weil diese im Vordergrund des Wahlkampfes stehen. Die Politik der EU bleibt im Schatten, findet im Verborgenen statt. Weiter werden im EP die Fraktionen aus unterschiedlichen nationalen Parteien zusammengesetzt, die oft recht mühsam um gemeinsame Positionen ringen – was zunächst nicht schlecht wäre, wenn dabei nationale Aspekte in den Hintergrund träten.

Wichtiger ist aber, dass es kein gleiches Stimmrecht in der EU gibt. Eine Abgeordnete des Europäischen Parlaments (EP)

---

[16] Es werden die unterschiedlichen nationalen Wahlsysteme angewendet, Verhältniswahl oder Mehrheitswahl, was durch die nationale Gesetzgebung entschieden wird. In Deutschland hat das Bundesverfassungsgericht 2011 die 5%-Klausel für die Europawahl »gekippt«. Darauf beschloss der Gesetzgeber Anfang Juli 2013 eine 3%-Klausel, der es aber ebenfalls an der verfassungsrechtlichen Rechtfertigung fehlt, sodass auch sie verworfen werden dürfte.

[17] Das EP hat im Januar 2018 vorgeschlagen, dass einige Sitze für europäische Parteienlisten reserviert werden sollen. Man wird sehen, ob dieser Vorschlag Früchte zeigt.

vertritt in Deutschland oder Frankreich 857.000, in Luxemburg 83.000 und in Malta 67.000 Unionsbürgerinnen. Das heißt, eine Abgeordnete aus Deutschland oder Frankreich vertritt überschlägig mehr als zehnmal so viele Wähler wie eine Abgeordnete aus Luxemburg oder Malta. Der demokratische Grundsatz »one man, one vote«, das heißt, die Wahlrechtsgleichheit, gilt bei der Wahl zum Europäischen Parlament nicht. Die Mindestvoraussetzung demokratischer Wahl ist nicht erfüllt. Das Bundesverfassungsgericht meint deshalb euphemistisch: die EU sei erheblich »überföderalisiert«.

Da das EP von den Unionsbürgern gewählt wird, ist es das direkt legitimierte Organ der EU. Der Rat ist als Europäischer Rat, also als Versammlung der Regierungschefs der Mitgliedstaaten in der Mehrheit nur indirekt legitimiert, nämlich durch die nationalen Parlamente.[18] Der Ministerrat, also das Organ der Fachminister, ist in der Regel nur auf der zweiten Stufe legitimiert, weil die Minister nicht vom Parlament gewählt, sondern in der Regel vom Regierungschef berufen werden. Ihre Legitimation ist also von der des Premiers abgleitet. Der Ministerrat ist aber das zentrale Gesetzgebungsorgan der EU. Er muss allen europäischen Gesetzen, also Richtlinien und Verordnungen, zustimmen.

Nur die Kommission hat das Initiativrecht. Doch gilt das nur formal. Denn die wichtigen Rechtsakte werden im Rat auf den Weg gebracht und von der Kommission erarbeitet. Der Vorschlag geht dann wieder zunächst an den Rat. Dieser hat also das erste Zugriffsrecht. Erst im zweiten Akt geht das Gesetz an das EP, das sich mit einem schon ausgehandelten Kompromiss auseinandersetzen muss. Hier Änderungen anzubringen, ist schwieriger als in dem ersten Prozess der Kompromissfindung. Das schlechter legitimierte Organ ist also das primäre im Prozess der Gesetzgebung, während das besser legitimierte Parlament nur das sekundäre Organ ist.

Der Rat ist die »erste Kammer«, das Parlament spielt nur die zweite Geige. Obwohl das Parlament inzwischen den meisten

---

[18] Anderes gilt für den französischen Präsidenten, der durch Direktwahl gewählt ist, also besser legitimiert ist als die deutsche Bundeskanzlerin.

Rechtsakten der Union zustimmen muss, bleiben einige Politik-bereiche ausschließliche Angelegenheit des Rates, d.h. dieser beschließt ohne oder nur nach Anhörung des Parlaments (Bei-spiele: Art. 21 III: Soziale Sicherheit oder sozialer Schutz zur Verwirklichung der Arbeitnehmerfreizügigkeit; Art. 64 III: Be-schränkung der Kapitalverkehrsfreiheit mit Drittstaaten; Art. 81 III: Familienrecht; Art. 83 II: Strafrecht; Art. 87 III: Polizeiliche Zusammenarbeit; Art. 113: Umsatzsteuern, Verbrauchsabgaben und sonstige indirekte Steuern; Art. 126 XIV: Defizitkriterien; Art. 127 VI: Bankenaufsicht; Art. 152 II b: Teile der Sozialgesetz-gebung; Art. 182 IV: Spezifische Forschungsprogramme; Art. 192 II: Teile des Umweltrechts; Art. 194 III: Energiesteuern; Art. 203: Assoziierungsabkommen). Auch der Haushaltsrahmen – also die Geldmittel, die der EU zur Verfügung stehen – wird ausschließ-lich zwischen den Mitgliedstaaten vereinbart.

Die Kommission, also die europäische Administration, wird vom Rat ausgewählt und muss vom Parlament nur bestätigt wer-den. Entscheidend sind folglich auch die politischen Mehrheiten im Rat, nicht die im Parlament, auch wenn der Rat bei der Aus-wahl des Kommissionspräsidenten das Ergebnis der Wahlen zum Europäischen Parlament »berücksichtigen« soll (Art. 17 VII EUV). So stellt auch die Wahl und Auswahl der Administration das Ver-hältnis der Legitimationsdichte beider Organe auf den Kopf.

Das Verhältnis von erster und zweiter Kammer ist hier also umgekehrt. Während in föderalen Staaten regelmäßig die Län-dervertretung, in der BRD der Bundesrat, die zweite Kammer ist, die nicht allen Gesetzen zustimmen muss, ist es in der EU das Parlament, während der Rat erste Kammer ist. Das ist für die Demokratie nicht unproblematisch. Die Exekutive dominiert die Volksvertretung. Und die Interessen der Gesellschaft finden sich im Rat gefiltert wieder als »nationale« Interessen.

Politische Prozesse in der Union laufen nicht als Streit um die »richtige« Politik für alle, nicht als politische Auseinandersetzung darum, wie man das Gemeinwohl der EU am besten fördern könnte. Sie verlaufen auch nicht entlang von Klassenauseinan-dersetzung, also als soziale Konflikte. Parlamente sollen – nach den Idealvorstellungen – im Diskurs aus den unterschiedlichen

Interessen und Meinungen in der Gesellschaft ein Gemeinwohl destillieren, Konsens oder Kompromisse finden, in denen sich die gesellschaftlichen Gruppen aufgehoben fühlen könnten. Wenn »nationale Interessen« ausgehandelt werden, müssen die Differenzierungen innerhalb der Gesellschaften unterbelichtet bleiben. Im Zweifel werden die Interessen »der Wirtschaft« als nationale Interessen reklamiert. Das konnte man gut beobachten beim Feilschen um $CO_2$-Verschmutzungsrechte im Emissionshandelssystem. Den Mitgliedstaaten wurde eine gewisse Anzahl an solchen Zertifikaten zugeteilt, mit denen die Höchstmenge der Verschmutzung festgelegt werden sollte. Die Staaten gaben alles, um möglichst viele Verschmutzungsrechte zu erhalten – im ausschließlichen Interesse der betroffenen Wirtschaftszweige; die Interessen oder Vorstellungen etwa von Umweltverbänden spielten keine Rolle.

Das Problem ist im Institutionengefüge der EU strukturell verankert. Im Rat vertreten die Regierungen in der Regel nationale Interessen gegenüber den anderen Regierungen. Das heißt, der Diskurs um die »richtige« Politik findet als Kompromiss zwischen nationalen Interessen statt, nicht als Versuch, das Gemeinwohl der EU zu definieren. Was die Regierung als nationales Interesse definiert, ist aber notwendig gefiltert: Erstens fehlt die Opposition und zweitens werden die stärkeren Interessengruppen sich durchsetzen.

Die »Alternativlosigkeit« der Wirtschaftsordnung und das institutionelle Demokratiedefizit führen dazu, dass die EU insgesamt entpolitisiert wird. Die Frage der Politik »Wie wollen wir leben?« ist keine relevante Frage für die Bürger, wenn es um ihre Beziehung zur EU geht. Eine demokratische Auseinandersetzung um die Richtung europäischer Politik gibt es schon deshalb nicht, weil es kein einheitliches Wahlsystem gibt und sich nationale Parteien zur Wahl stellen. Allgemeiner gesagt: Mit der Wahl zum EP ist keine politische Richtungsentscheidung verbunden. Wo das Parlament als Gesetzgeber tätig ist, wird in der real existierenden EU die politische Differenz nicht sichtbar. Nach den Verträgen und Rechtsakten zur EP-Wahl stehen keine Personen zur Wahl, die unterschiedliche Programme verkörpern.

Es gibt keine oder nur eine unterentwickelte europäische Öffentlichkeit, in der eine europäische Willensbildung stattfinden könnte. Das Problem ist ein strukturelles und nur zweitrangig eines der nationalen Traditionen. Wenn der Rat nationalstaatliche Interessen vertritt und die Regierungen die Verhandlungen im Rat als Vertretung nationalstaatlicher Interessen kommunizieren, bleibt kein Raum für eine europäische Öffentlichkeit – sie bleibt gespalten in nationalstaatliche Öffentlichkeiten.

Wenn eine europäische Öffentlichkeit entstanden ist, dann in Form von Lobbyorganisationen. Das bedeutet aber auch, dass es einen strukturellen Nachteil »subalterner« Interessen gibt, sich in Europa zu artikulieren. Die »Elite«, etwa Konzernvorstände, sprechen die moderne lingua franca, also Englisch, was man von den Repräsentant*innen der unteren Klassen, soweit sie sich organisiert haben oder organisieren lassen, nicht behaupten kann. Vor allem aber kostet die europäische Vernetzung und Übersetzung Geld, sodass die Organisationen der »Elite« wiederum im Vorteil sind. Es gibt strukturelle Machtasymmetrien in der europäischen Öffentlichkeit oder eben eine Dominanz der Wirtschaft, wie am bereits dargestellten Fall der EZB sichtbar wird: Ihr wird durch die Verträge Unabhängigkeit garantiert. Das aber ist nicht nur ein Problem demokratischer Legitimation und Kontrolle, sondern auch ein Problem demokratischer Politikgestaltung. Die EZB kann eine demokratisch beschlossene Wirtschafts- und Sozialpolitik konterkarieren.

Ausnahmen gibt es natürlich: Beispielsweise wurde über CETA in allen Mitgliedstaaten diskutiert, eine europäische Diskussion gab es auch zur Entsenderichtlinie, bekannt als »Bolkestein«-Richtlinie oder bei der Initiative »Right2water«, die sich gegen die Privatisierung der Wasserwirtschaft richtete, was von der Kommission nicht gern gesehen wurde.

Die EU könnte sicher mit einfachen Mitteln etwas dafür tun, dass eine europäische Öffentlichkeit entsteht. Beispielsweise ließe sich ein europäischer Fernsehkanal, ähnlich wie Arte, etablieren, der europäische Politik in die Mitgliedstaaten transportiert. Aber daran fehlt offenbar das Interesse. Stattdessen setzte man auf eine Scheindemokratisierung durch die »Europäische Bürgerbefragung«, die trotz hoher Voraussetzungen unverbindlich bleibt.

## 4.2 Autoritäre Wirtschaftsregierung und Maßnahmestaat

*Zentralisierung der Haushaltskontrolle*
Die Finanz- und Wirtschaftskrise nach 2008 führte zu einer neuen Konfiguration der Institutionen und Kräfteverhältnisse innerhalb der EU. Zunächst wurden als Antwort auf den Wirtschaftseinbruch europaweite Investitionsprogramme aufgelegt und Bankenrettungsschirme aufgespannt, wobei allerdings national und nicht europäisch agiert wurde. Eine Verschiebung setzte mit der – ideologisch von der Finanzkrise abgetrennten – »Schuldenkrise« ein, die allerdings nur einige Staaten existenziell traf. Zunächst wurde neben den Verträgen und Institutionen der Union ein neues Regime etabliert, das gleichwohl mit den Organen der EU verflochten ist. Statt der Unionsmethode wurde die intergouvernementale Vereinbarung mittels völkerrechtlicher Verträge gewählt, was »den Vorteil« hat, dass das EP und die nationalen Parlamente ihren Einfluss weitgehend verlieren. Die nationalen Parlamente wie der Bundestag müssen den Verträgen zwar zustimmen, aber es gilt dann immer hop oder top, denn Verträge durchlaufen nicht das »normale« nationale Gesetzgebungsverfahren mit Änderungsanträgen. Die Etablierung der Austeritätspolitik ist »exekutivlastig« (Bieling 2014: 44f.). Das ist die erste Dimension des Übergangs zu einer autoritären Wirtschaftsregierung.

Die zweite Dimension bezieht sich auf den Inhalt der Verträge. Der »Pakt für den Euro« und »Pakt für den Euro Plus« fordern, dass nun auch die Maastricht-Gesamtverschuldungsgrenze von 60% ernst genommen wird. Um eine Senkung der Gesamtverschuldung, die inzwischen bei fast allen Euro-Ländern über 60% liegt, zu erreichen, wurde den Staaten eine Schuldenbremse vorgeschlagen, die mit dem Fiskalpakt eingeführt wurde. Weiter geht es um ein zentral koordiniertes Benchmarking bei den Lohnkosten, Renten, Gesundheitsvorsorge und Sozialleistungen.

So heißt es: »Um zu beurteilen, ob die Löhne sich entsprechend der Produktivität entwickeln, werden die Lohnstückkosten über einen Zeitraum hinweg beobachtet und dabei mit den Entwicklungen in anderen Ländern des Euro-Währungsgebiets und in den wichtigsten vergleichbaren Handelspartnerländern verglichen werden. Für jedes Land werden die Lohnstückkosten für die Wirtschaft insgesamt und für jeden wichtigen Sektor bewertet.« Außerdem soll sichergestellt werden, »dass die Lohnabschlüsse im öffentlichen Sektor den auf eine Steigerung der Wettbewerbsfähigkeit gerichteten Anstrengungen im Privatsektor förderlich sind«.[19] Ziel war eine zentrale, politische »Anpassung« der nationalen Wirtschafts- und Sozialpolitik – wohlgemerkt nach unten.

Der Fiskalpakt[20] wird gemeinhin als Einführung der Schuldenbremse in allen EU-Staaten, nicht nur den Euro-Staaten, verstanden. Deutschland hatte schon vorher eine Schuldenbremse im Grundgesetz verankert. Nach Art. 109 und 115 GG sind die Haushalte von Bund und Ländern »grundsätzlich ohne Einnahmen aus Krediten auszugleichen«. Für den Bund wird der »ausgeglichene Haushalt« durch das Grundgesetz dahingehend konkretisiert, dass die Neuverschuldung 0,35% des Bruttoinlandsprodukts (BIP) nicht überschreiten darf. Für die Länder bleibt es bei der Wortbedeutung »ausgeglichener Haushalt«, d.h. es dürfen »keine Einnahmen aus Krediten zugelassen werden«. (Art. 109 Abs. 2, S. 5 GG) Die 2009 in die Verfassung aufgenommene Schuldenbremse hatte bisher nur begrenzte Wirkung, weil sie für den Bund erst ab 2016 galt – seitdem brummt die Konjunktur und neue Schulden mussten nicht gemacht werden. Die Länder müssen sie erst ab 2020 strikt einhalten. Die Neuverschuldung soll durch den Fiskalpakt in allen Mitgliedstaaten auf höchstens 0,5% des BIP begrenzt werden. Die vertragschließenden Staaten werden verpflichtet, die Vorgabe »durch verbindliche und dau-

---

[19] Schlussfolgerungen der Staats- und Regierungschefs der Mitgliedstaaten des Euro-Währungsgebietes vom 11.3.2011, Anlage I, Pakt für den Euro.

[20] www.bundesfinanzministerium.de/Content/DE/Downloads/2013-04-19-fiskalvertrag-deutsche-fassung.pdf?__blob=publicationFile&v=3.

erhafte – vorzugsweise verfassungsrechtliche – Bestimmungen in die einzelstaatlichen Rechtssysteme umzusetzen« – was immer dieses »vorzugsweise« auch heißen möge. Mit dem Fiskalpakt wurden also die dysfunktionalen Maastricht-Kriterien verschärft.

Im Rahmen der europäischen Gesetzgebung wurden das »Six Pack« und das »Two Pack« beschlossen.[21] Durch diese Rechtsakte sollte der Sanktionsmechanismus bei Verstößen gegen die Haushaltsdisziplin effektiver gemacht werden. Zunächst wurde der Sanktionsmechanismus erweitert, nämlich von den 3% Neuverschuldung in den Maastricht-Kriterien auf die Gesamtverschuldung ausgedehnt. Die EU kann auch Sanktionen verhängen, wenn die Gesamtverschuldung über 60% des BIP liegt. Der Mitgliedstaat muss, wenn Sanktionen beschlossen werden, 0,2% seines BIP als unverzinsliche Einlage bei der Kommission hinterlegen. Der Sanktionsmechanismus wurde außerdem auf einen »halb automatischen« Betrieb umgestellt. Bis dahin galt, dass bei Verstößen Sanktionen im Rat, d.h. von den Vertretern der Regierungen mit Mehrheit beschlossen werden mussten. Die Automatisierung sieht vor, dass Sanktionen greifen, wenn sie im Rat nicht mit qualifizierter Mehrheit gestoppt werden. Trotz dieses Halbautomatismus wurden aber bisher keine Sanktionen verhängt – in der EU kriselt es zu sehr, als dass die Kommission Sanktionen durchsetzen wollte.

Eingeführt oder erweitert wurde der Mechanismus des »Europäischen Semesters«. Die Mitgliedstaaten müssen der Kommission ihren Haushaltsentwurf vorlegen, die dann prüft, ob die Kreditobergrenzen eingehalten werden. Ergebnis der Haushaltsprüfung sind »länderspezifische Empfehlungen«, in denen die Kommission vorschlägt, wo zu sparen und was zu streichen ist oder auch wie – im Falle BRD – der Leistungsbilanzüberschuss abzubauen ist. Folgt der betreffende Mitgliedstaat der »Empfehlung« zur Korrektur des »übermäßigen Defizits« nicht, können die erwähnten unverzinslichen Einlagen in eine Geldbuße umgewandelt werden.

---

[21] europa.eu/rapid/press-release_MEMO-11-898_en.htm.

Die Richtung dieser Maßnahmen ist klar: Es geht um eine Kontrolle der nationalen Haushalte durch die EU. Würde dies Erfolg haben, verlören die nationalen Parlamente ein wichtiges Steuerungsmedium, d.h. ein wichtiges Instrument, um Politik zu gestalten, nämlich das Budgetrecht, das – etwas altbacken oder mit monarchistischem Einschlag – als »Königsrecht des Parlaments« bezeichnet wird. In Richtung Entmachtung der nationalen Parlamente durch eine Zentralisierung der Haushaltspolitik gehen auch wichtige Vorschläge zur zukünftigen Gestaltung der Union.

Kanzlerin Merkel hatte im Januar 2013 in Davos einen Pakt für Wettbewerbsfähigkeit gefordert. Ähnliches schlug das Kommissionspapier zu »Convergence and Competitiveness Instruments«[22] und der Bericht der fünf Präsidenten »Die Wirtschafts- und Währungsunion Europas vollenden« (Juncker u.a. 2015) vor. Es sollen vertragliche Vereinbarungen über Maßnahmen zur Umsetzung der »länderspezifischen Empfehlungen« zwischen Kommission und Mitgliedstaaten geschlossen werden. Die fünf Präsidenten der Union wollen die administrative und demokratisch nicht legitimierte Kontrolle der Haushalte durch die Einführung »nationaler Räte« oder »Stellen« zur Überwachung der wirtschaftlichen Entwicklung des Mitgliedstaates verstärken und über den nationalen einen europäischen Finanzausschuss etablieren, der die Gesamtkontrolle wahrnimmt. Im Weißbuch 2017 der EU-Kommission wird zustimmend auf die Vorschläge zur Kontrolle der Haushaltspolitik im »Bericht der fünf Präsidenten« hingewiesen. Der damalige deutsche Finanzminister Wolfgang Schäuble hatte in der Zeitung »Die Welt« (vom 23.6.2012) die Marschrichtung offen formuliert: »Im Optimalfall gäbe es einen europäischen Finanzminister. Der hätte ein Vetorecht gegen einen nationalen Haushalt und müsste die Höhe der Neuverschuldung genehmigen.«

Alles bewegt sich in Richtung einer zentralistisch, europäischen Kontrolle der nationalen Wirtschafts- und Sozialpolitik.

---

[22] Kommission 2013, ec.europa.eu/economy_finance/articles/governance/pdf/2039_165_final_en.pdf.

Die nationalen Parlamente würden endgültig auf das Abnicken der europäischen Vorgaben reduziert. Mit dem neuen Regime wird von der EU direkt in Politik- und Regelungsfelder eingegriffen, die bisher den Mitgliedstaaten und den Sozialvertragsparteien vorbehalten waren (Lemb/Urban 2014: 43). An die Stelle des strukturell indizierten »race to the bottom« im Bereich Sozialleistungen und Unternehmenssteuer soll dieser nun zentral von der EU gesteuert werden – mit dem Ziel, Wettbewerbsfähigkeit durch niedrige Löhne und Abgaben herzustellen. Mit der Flüchtlingsbewegung und der folgenden Krise der europäischen Institutionen 2015 hat sich dieser Traum aber zunächst zerschlagen, es mussten andere Feuer bekämpft werden.

*Troika und autoritäre Wirtschaftsregierung*
Das Jahr 2011 war für die Demokratie in der Europäischen Union ein Tiefpunkt. Zwei Mitgliedgliedstaaten der EU, die von der Finanzkrise gebeutelt wurden, Italien und Griechenland, hatten Schwierigkeiten, Kredite zu angemessenen Zinsen zur Refinanzierung ihrer Staatshaushalte zu erlangen. Hilfe wurde Griechenland nur im Gegenzug zu rigiden Kürzungsprogrammmen versprochen. Am 31.10.2011 kündigte der damalige griechische Ministerpräsident Giorgos Papandreou an, er wolle das Volk über die Kürzungspläne der EU für sein Land abstimmen lassen. Daraufhin wurde er zum Rücktritt gedrängt und mit dem Segen von Brüssel und Berlin eine »Experten«-Regierung installiert. Ähnliches geschah in Italien mit der Regierung Monti. Hier war die EZB wichtiger Drahtzieher. Der Aufkauf von Staatsanleihen wurde an den Rücktritt von Silvio Berlusconi geknüpft, dem allerdings niemand eine Träne nachweinen musste – jedenfalls startete die EZB ein Aufkaufprogramm von italienischen Staatsanleihen, nachdem Berlusconi zurückgetreten war. Für zwei Jahre übernahm Mario Monti – wie Mario Draghi, dem Präsidenten der EZB, mit Goldmann-Sachs verbandelt – in Italien die Regierungsgeschäfte mit einem Kabinett von »parteilosen Technokraten«. In Griechenland gab es Neuwahlen und die linke Syriza gewann. Sie widersetzte sich erfolglos den Kürzungsauflagen der Troika. Im Jahre 2015 ließ die Regierung die Griechen über

das anstehende Troika-Diktat abstimmen. Das Ergebnis war eindeutig: Es wurde abgelehnt. Die EZB verweigerte die Zufuhr von Bargeld bis die Regierung in die Knie ging, umgebildet wurde und alle weiteren Austeritätsprogramme der Troika – nun weißwäscherisch in »Die Institutionen« umbenannt – akzeptiert wurden.

So wurde für die Euro-Schuldnerstaaten eine zentralistische Kontrolle der nationalen Wirtschafts- und Sozialpolitik etabliert. Im Gegenzug zu unterschiedlichen Formen der Kreditvergabe seitens der Euro-Staaten[23] und dem Aufkauf von Staatsanleihen durch die EZB mussten sich die Schuldnerländer verpflichten, Memoranden of Understanding mit der Troika abzuschließen. Diese enthielten detaillierte Kürzungsprogramme für den jeweiligen Nationalstaat. Sie betrafen neben dem Sozialsystem und öffentlichen Dienst auch tarifliche Lohnhöhen und Renten. Mit dem Diktat einer Austeritätspolitik wurde die Entdemokratisierung der Politik greifbar. Die Troika verlangt von den Parlamenten, dass die Vorgaben getreu umgesetzt werden. Die Bevölkerung hat keinen Einfluss und muss die Folgen der Politik erleiden (ausführlich Fisahn 2014: 11 und 44ff.). Von einem demokratischen Prozess lässt sich nicht mehr sprechen.

Wie sind diese Prozesse zu bewerten? Einige sprechen von einer »autoritäre(n) Konstitutionalisierung« vom »autoritären Staat« oder von einem »autoritären Kapitalismus«, der sich in der EU etabliere. Wir schlagen vor, von einer autoritären Wirtschaftsregierung zu sprechen. Im Bereich der Wirtschafts- und Sozialpolitik hat sich die EU mit dem Troika-Regime und anderen Maßnahmen deutlich von demokratischen und rechtsstaatlichen Grundsätzen entfernt. Sie hat neben dem Rechts- ein Maßnahmeregime etabliert, das parlamentarische Kompetenzen leerlaufen lässt. Deshalb lässt sich dieses System als autoritäre Wirtschaftsregierung bezeichnen. Die Staaten und die Union werden damit aber nicht zu autoritären Staaten im bisher bekannten Sin-

---

[23] Zunächst wurden bilaterale Kredite an Griechenland vergeben, dann über völkerrechtliche Verträge »Rettungsschirme« gespannt, zunächst der vorläufige ESF und darauf aufbauend der auf Dauer gestellte ESM – das wurde oben ausgeführt.

ne, also wie Diktaturen in Südamerika oder die griechische Ob-
ristendiktatur, weil im Übrigen, neben den Troika-Maßnahmen,
das Rechtssystem weitgehend funktioniert und auch Grundrechte im Großen und Ganzen respektiert werden – jedenfalls noch.
Allerdings machen eine Verschärfung der Widersprüche und
der Aufstieg national-chauvinistischer Parteien auch Eingriffe in
die demokratischen Rechte in einzelnen Mitgliedstaaten der EU
wahrscheinlicher. Die deutsche Bundesregierung war treibende
Kraft einer Politik der Krisenverschärfung und des Umbaus der
EU in Richtung einer autoritären Wirtschaftsregierung, womit
sie den Modus der europäischen Integration zerstörte oder zumindest gefährdet hat.

## 4.3 Dublin und die vertiefte Krise der EU

Mit den Fluchtbewegungen im Jahre 2015 verschärfte sich die
europäische Krise. Grundlage war wieder das von der BRD ini-
tiierte Fluchtregime, das durch die Dubliner Abkommen installiert wurde. Vorausgegangen war ein wirklich deutscher Prozess.
Ende der 1980er Jahre kamen viele Flüchtlinge in die Bundesrepublik. Im Jahr 1992 erreichte die Zahl der Zuzüge nach Deutschland mit über 1,5 Millionen den historischen Höchstwert. Die
größten Gruppen kamen aus Polen und der ehemaligen Sowjetunion und viele von ihnen galten rechtlich als Deutsche. Die
Zahl der Asylbewerber stieg noch in der alten BRD im Jahre 1986
auf über 100.000 und erreichte 1992 mit rund 440.000 die bis
dahin höchste Zahl (BAMF 2005). Die Unionsparteien reagier-
ten auf diese Entwicklung mit einer Kampagne, welche die Begrenzung des Zuzuges von Asylbewerbern forderte. Dabei war
ein Argument nicht von der Hand zu weisen: Nur eine geringe
Prozentzahl der Antragsteller erhielten auch Asyl, was allerdings
auch am restriktiven Verständnis der Asylgründe lag. Die CDU/
CSU verlangte eine Änderung des Grundgesetzes. Die SPD, in der
Opposition, war uneins. Das änderte sich mit der gewaltsamen
Zuspitzung der Anti-Asylkampagne. Die Anzahl von Gewaltta-
ten, von Körperverletzungen über Brandstiftung bis zum Mord
durch Neonazis und Rechtsradikale aller Couleur stieg enorm.
»Ihren Höhepunkt fanden die Ausschreitungen in einem am 22.

August beginnenden, mehrtägigen Pogrom in Rostock-Lichten-hagen, als zeitweise mehr als 1.000 Jugendliche versuchten, ein von der Polizei nur notdürftig gesichertes Wohnheim für Auslän-der und Asylbewerber zu stürmen. Sie steckten das Haus, in dem sich zahlreiche Ausländer, vor allem Vietnamesen, befanden, in Brand, während die Menge ›Aufhängen!‹ rief.«[24]

Die SPD hielt dem Druck nicht stand und stimmte einer Än-derung des Grundgesetzes zu, die am 26. Mai 1993 im Bundes-tag angenommen wurde. Aus dem schlichten Satz »Politisch Verfolgte genießen Asyl« in Art. 16 GG wurde ein halbseitiger Artikel (Art. 16a), durch den der Satz eingeschränkt wird: Asyl in Deutschland kann nur erhalten, wer nicht über einen EU-Mit-gliedstaat oder einen anderen sicheren Drittstaat einreist. Nun muss man sich die Landkarte nur flüchtig ansehen und weiß, dass unter diesen Bedingungen ein Asylantrag nur für Flüchtlin-ge erfolgreich sein kann, die mit dem Flugzeug kommen – dann aber spricht wenig dafür, dass sie wirklich verfolgt werden. Solch eine Regelung kann natürlich nur funktionieren, wenn die Nach-barn mitspielen. Dafür, dachte sich die deutsche Regierung, gibt es ja die EU. In den Dublin-Verträgen drückte Deutschland seine Regelung den anderen Mitgliedstaaten aufs Auge. Der Vertrag trat 1997 in Kraft und wurde 2003 durch eine EU-Verordnung (Dublin II) mit einer Änderung 2014 (Dublin III) abgelöst.

Deutschland war »das Problem« los, den »schwarzen Peter« hatten die Südländer der EU, vor allem Griechenland und Italien. Insbesondere nach 2011, dem sogenannten Arabischen Früh-ling, stieg die Zahl der Flüchtlinge, die Italien erreichten. Die In-sel Lampedusa wurde zum Synonym für diese Entwicklung. Die griechische und italienische Regierung drängten in der EU auf eine andere Regelung, nämlich auf eine Verteilung der Flücht-linge auf die Mitgliedstaaten nach deren BIP, Bevölkerungszahl und anderen Kriterien. Insbesondere die deutsche Regierung re-agierte bockbeinig und verweigerte jedes Zugeständnis bis 2015.

Die Südländer gingen dazu über, Flüchtlinge weiterreisen zu lassen, in den Norden, der sowieso das eigentliche Ziel war. In

---

[24] www.zeitgeschichte-online.de/thema/flucht-und-asyl.

Ungarn war diese Reise zu Ende. Viele Flüchtlinge aus Syrien, die über den Balkan gewandert waren, wurden von der nationalistischen ungarischen Regierung unter Viktor Orbán festgesetzt und der drohte mit einer völkerrechtswidrigen Abschiebung. In dieser Situation akzeptierte die deutsche Bundeskanzlerin Angela Merkel ein Abweichen von Dublin und nahm die Menschen in Deutschland auf – mit den legendär gewordenen Worten: »Wir schaffen das.« So wurden im Jahr 2015 etwa 2,14 Millionen Zuzüge nach Deutschland registriert, was den höchsten Wert seit dem Beginn der Aufzeichnung der Statistik im Jahr 1950 darstellt. Beim BAMF wurden 2015 insgesamt 476.649 formelle Asylanträge gestellt. Die größte Gruppe der Zuwanderer kam aus Syrien (326.000), gefolgt von Rumänen (213.000) und Polen (196.000).[25]

Nach einer kurzen Zeit der Willkommenskultur, in der die Flüchtlinge von privaten Gruppen oder Verbänden viel Unterstützung erhielten, drehte sich der Wind und die Zuwanderung wurde als Problem wahrgenommen, wobei diese Wahrnehmung mit fremdenfeindlichen bis rassistischen Untertönen versehen wurde. Im Ergebnis wuchs der rechte Rand in der CDU und es organisierten sich rechtsextreme Bewegungen wie Pegida und AfD. Die CSU machte sich selbständig und führte – entgegen den europäischen Schengen-Vereinbarungen, die das ausschließen – mehr symbolisch als reell Grenzkontrollen in Bayern ein. Der Druck auf die Regierung wuchs, sie wollte nun in der EU eine »gerechte« Verteilung der Flüchtlinge durchsetzen. Das gelang nicht. Der Osten der EU bildete eine eigenständige Gruppe, die Visegrád-Staaten. Diese verfolgen insbesondere zwei Interessen: Sie wehren sich gegen jede Zuwanderung aus dem globalen Süden unter Verwendung einer extrem nationalistischen Rhetorik. Zweitens haben sie ein Interesse, dass »ihre« Bürger in den nordwestlichen EU-Staaten als Arbeitsimmigranten unterkommen, was nur gut funktioniert, wenn sie zu Dumping-Löhnen arbei-

---

[25] Rumänen und Bulgaren waren selbstverständlich keine Asylbewerber, sondern Arbeitsimmigranten, welche die EU-Freizügigkeitsregeln in Anspruch nahmen (BAMF 2015).

ten, d.h. die Löhne des Entsendestaates gezahlt werden, also rumänische, polnische oder bulgarische Löhne. So betreiben sie nach innen eine sozial-nationalistische Politik, das sichert Zustimmung, während sie innerhalb der EU jede soziale Regulierung ablehnen.

Das wiederum ist ein objektives Problem für die schlechter qualifizierten Lohnabhängigen in den reicheren EU-Staaten. Sie sind einem Verdrängungswettbewerb und einer Dumpingkonkurrenz ausgesetzt. Die oben zitierten EuGH-Entscheidungen zu Laval und Viking demonstrieren das Problem. Neben irrationalen, nationalistischen und antimodernistischen Bestandteilen hatte die Brexit-Kampagne 2016 diesen durchaus rationalen Kern – die Lohnabhängigen in Großbritannien wurden gegen ihre Konkurrenz aus den osteuropäischen Billiglohnländern in Stellung gebracht. Im Ergebnis wurde der Brexit in der Volksabstimmung beschlossen und von den EU-Institutionen akzeptiert. Die starke Anlehnung Britanniens an die USA und die extreme Finanzmarktorientierung führten offenbar zu solch starken Friktionen in der EU, dass der Austritt problemlos akzeptiert wurde. Der Ausstieg Englands verschafft der EU auch die Möglichkeit, die EU-Militärpolitik zu stärken. Und genau das zeichnet sich ab.

Im Ergebnis kann man mindestens zwei Spaltungslinien feststellen, die innerhalb der EU seit 2008 entstanden sind und zu einer tiefen Krise geführt haben: Eine Kluft verläuft zwischen Nord und Süd, weil der Süden von der Finanz- und Wirtschaftskrise deutlich stärker gebeutelt und vom Norden gegängelt wurde. So gibt es inzwischen den Südgipfel, also Treffen der Mittelmeeranrainer in der EU. Die zweite Spaltung lässt sich zwischen West und Ost feststellen, was mit der Bildung des Blocks der Visegrád-Staaten sichtbar geworden ist. Die Spaltungslinien verlaufen inzwischen auch durch alle Mitgliedstaaten, weil sich überall – unterschiedlich motivierte, wobei die national-chauvinistischen Kräfte meist dominieren – EU-kritische Bewegungen gebildet haben. In der Flüchtlingspolitik sucht die Union durch Abschottung nach neuer Einigkeit. Gleichzeitig wird die Militärpolitik stärker herausgestellt, um durch Stärke nach außen die Risse nach innen zu kitten.

# 5. Auf der Suche nach der verlorenen Zukunft

Seit der Finanzkrise 2008 ist die EU im permanenten Krisenmodus. Es kam Schlag auf Schlag: nach dem Finanzcrash die Eurokrise, die Griechenlandkrise(n), die Migrationskrise, der Brexit, die Spannungen mit Polen und Ungarn, die Instabilität der politischen Systeme mit dem Aufstieg der extremen Rechten und dem Niedergang der Sozialdemokratie. Und jetzt auch noch der Handelskrieg mit den USA und eine Regierung in Italien, die erklärtermaßen einen Bruch mit der Austeritätspolitik der Eurozone anstrebt.

Das alles spielt sich in einem internationalen Umfeld ab, das immer unübersichtlicher, komplexer und konfliktträchtiger wird: Die Konfrontation mit Russland wird zunehmend zum Kalten Krieg 2.0. Der Bruch mit der Türkei scheint irreparabel, an der europäischen Peripherie toben Kriege, und der Umbruch der transatlantischen Beziehungen verändert fundamentale politische Koordinaten, wie man sich das bis vor Kurzem nicht hätte vorstellen können.

Die EU ist angesichts dieses Problemknäuels völlig überfordert. Sie verfügt nicht über die Strukturen, die Ressourcen und das Instrumentarium, um so komplexe und tiefgehende Krisen zu lösen. Der bisherige Integrationsgrad hat bei Weitem nicht das Ausmaß an Verdichtung erreicht wie in großen Nationalstaaten. Auch wenn die EU gern den Eindruck erweckt, mit den USA, China, Russland etc. in einer Liga zu spielen, verfügt sie nicht über eine vergleichbare Handlungsfähigkeit. Sie ist nun einmal – man muss immer wieder daran erinnern – kein Staat, sondern nur eine Mischung aus klassischem Staatenbündnis und supranationalen Komponenten. Das ist eine prekäre Schönwetterkonstruktion, deren Problemlösungsfähigkeit an ihre Grenzen gestoßen ist.

Ist das eine einseitige Darstellung, die die EU zu Unrecht in ein negatives Licht tauchen möchte? Sehen wir uns an, was prominente Repräsentanten der Union dazu sagen. Kommissionschef Jean-Claude Juncker sprach schon bei Amtsantritt 2014 von der »Kommission der letzten Chance« und zwei Jahre später sagte er: »Diesmal haben wir es mit einer Polykrise zu tun. Es brennt an allen Ecken und Enden – nicht nur an europäischen Ecken und Enden. Aber dort, wo es außerhalb Europas brennt, verlängert sich die Feuersbrunst nach Europa.«[26] Und Ratspräsident Donald Tusk kam im Mai 2016 – noch vor dem Brexit – zu dem Schluss: »Heute müssen wir zugeben, dass der Traum eines gemeinsamen europäischen Staates mit einem gemeinsamen Interesse, mit einer gemeinsamen Zukunftsvorstellung, (...) eine gemeinsame europäische Nation eine Illusion war.«[27] Und der französische Staatspräsident Emmanuel Macron gab am Rande des EU-Gipfels in Sofia im Mai 2018 zu Protokoll: »Seit dem Zweiten Weltkrieg hat es keine Situation von dieser Tragweite gegeben. Für jene die daran zweifeln oder glauben, sich dem entziehen zu können, klopft jetzt die Geschichte an die Tür, der Zeitpunkt der Entscheidung ist da.« (Le Figaro vom 18.5.2018: 8)

Die multiplen Krisen haben die zentrifugalen Tendenzen und Erosionserscheinungen in der Union verstärkt. Vorneweg vertieft die Fehlkonstruktion Euro die Spaltungslinien. Die Erwartung, die Gemeinschaftswährung würde zum Katalysator für die Integration, hat getrogen. Das Gegenteil ist eingetreten. Das Krisenmanagement unter dem deutschen Austeritätsdiktat hat die Lage dann noch einmal zusätzlich verschärft. Gleichzeitig bildet sich im Osten mit der Visegrád Gruppe (Polen, Tschechien, Slowakei, Ungarn) ein »Ostblock« heraus, der sich als machtpolitisches Subzentrum versteht und sich gegen die Dominanz der westlichen Mitgliedstaaten positioniert. Auch die drei baltischen Staaten stehen der Gruppe nahe und haben schon vorab ihre Solidarität mit Polen erklärt, falls Brüssel Sanktionen verhängen sollte. Besonders zugespitzt erschien die Lage 2017, wo nach dem Brexit-Votum bei einer Reihe von Wahlen der Sieg der ex-

---

[26] www.tagesschau.de/ausland/juncker-interview-eu-krisen-101.html.
[27] www.atlanticbb.net/news/read/category/Europe%20News/article/ the_associated_press_eu_official_tusk_idea_of_one_european_nation_is_ il-ap.

tremen Rechten befürchtet wurde. Als dann in den Niederlanden Geert Wilders nur mäßig abschnitt und in Frankreich Marine LePen sich nicht durchsetzte, schien eine gewisse Beruhigung in Sicht. Doch der Einzug der AfD in den Bundestag, die Regierungsbeteiligung der FPÖ sowie die Wahlen in Italien brachten die nächste kalte Dusche.

Die Zukunft des Projekts ist unentschieden. So dramatisch und hart z.B. die Krise in Griechenland ist, es kommt niemand auf die Idee, die Existenz Griechenlands als Nationalstaat infrage zu stellen. Für die EU sieht das anders aus. Die Mehrfachkrisen werfen die Frage nach grundsätzlichen Alternativen ohne die EU, wie wir sie kennen, auf. Denn wenn es so weitergeht, geht es nicht weiter.

## 5.1 Offizielle Rettungsversuche

Die offizielle Linie seit dem Brexit-Votum und dem Gipfel in Bratislava 2016, hat zum Kern eine Konzentration auf Bereiche, die als strategisch gelten. Dort soll die Integration vertieft werden, insbesondere:

- soll der Ausbau der militärischen Kapazitäten vorangetrieben und die Außenpolitik enger verzahnt werden, um Großmachtpolitik machen zu können;
- sollen die Außengrenzen befestigt werden, um Flucht und Migration einzudämmen – Festung Europa;
- soll die Eurozone stabilisiert werden.

In anderen Bereichen soll Subsidiarität, das heißt Eigenverantwortung und selbständiges Handeln auf Ebene des Nationalstaates und der unteren Gebietskörperschaften gestärkt werden.

Für ihre Strategie haben die Kommission und der Rat verschiedene Weißbücher, Berichte, Szenarien und Roadmaps vorgelegt. Allerdings ist davon bisher so gut wie nichts umgesetzt – außer beim Militär. Brexit-Verhandlungen, Krisenmanagement und Stillstand durch Wahlkämpfe und langwierige Regierungsbildungen haben die politischen Ressourcen absorbiert.

## 5.2 Macron: Retter Europas?

Umso mehr konzentrierten sich die Hoffnungen der Anhänger von »Mehr Europa« auf den französischen Präsidenten. Er sollte Aufbruch und Dynamik bringen. In den »pro-europäischen« Milieus weckte er regelrechte Begeisterung. So ließ sich z.B. der sozialdemokratische Kanzlerkandidat Martin Schulz im Bundestagswahlkampf dazu hinreißen, schon für 2025 die »Vereinigten Staaten von Europa« anzukündigen. Doch inzwischen ist Ernüchterung eingetreten. Vom großen Wurf bleibt höchstens eine Minireform. Das Schicksal von Macrons Vorschlägen ist symptomatisch für den Zustand der EU. Es werden darin die strukturellen Probleme der EU und der Eurozone sichtbar. Und da Frankreich neben Deutschland das gewichtigste Mitgliedsland ist, lohnt sich ein genauerer Blick nach Paris.

*Macrons europapolitische Grundposition*

Viele Deutsche glauben, dass Macron, so wie sie selbst, die »Vereinigten Staaten von Europa« will. Also ein föderalistisches Gemeinwesen, das ähnlich wie die Bundesrepublik funktioniert, nur eine Nummer größer. Das sieht Macron keineswegs so. In mehreren Reden  hat er den strategischen Grundgedanken seiner Präsidentschaft erklärt, zuletzt im Juli 2018 in Versailles vor beiden Kammern : »Wir waren seit 40 Jahren in dem Irrtum befangen, wonach Frankreich nur noch ein durchschnittliches Land ist. Diese Vorstellung hat uns erstickt und gequält. Ich aber glaube, dass Frankeich die Mittel hat, im 21. Jahrhundert wieder eine Macht zu werden.  (...) Unsere  einzige Ideologie ist die Größe Frankreichs.«[28]

Das heißt, Frankreich soll wieder in der machtpolitischen Oberliga mitspielen, und zwar durchaus als eigenständiger Nationalstaat: Make France great again! Die Großmachtattribute, wie die Atomstreitmacht »Force de frappe« und der Veto-Sitz im UN-Sicherheitsrat sollen durch ökonomisches Wiedererstarken flankiert werden. Dazu soll eine partielle Vertiefung der Integra-

---

[28] www.elysee.fr/declarations/article/discours-du-president-de-la-republique-devant-le-parlement-reuni-en-congres-a-versailles/.

tion in der Eurozone her. Aber die hat rein instrumentellen Charakter. Es geht darum, das ökonomische Zurückfallen Frankreichs unter dem Euro-Regime zu kompensieren, um besser in der Welt mitreden zu können.

Auch die Pariser Außenpolitik zeichnet sich dementsprechend durch Eigenständigkeit aus. So kippte Macron, ohne lange in Brüssel oder Berlin nachzufragen, die Syrien-Politik seines Vorgängers und befürwortete eine politische Lösung mit Assad. Ein paar Monate später bombardierte er gemeinsam mit der Trump-Administration und Großbritannien Ziele in Syrien. Ein klarer Bruch des Völkerrechts, wie der wissenschaftliche Dienst des Deutschen Bundestages (2018) feststellte. Auch beim Thema Russland demonstriert Macron Eigenständigkeit. So hatte er schon kurz nach Amtsantritt Putin nach Versailles eingeladen. Und im Mai 2018 reiste er seinerseits zum St. Petersburger Wirtschaftsforum, wo er nicht nur verkündete, »die Russen sind Europäer« und »ich halte an der europäischen Verankerung Russlands fest«, sondern geradezu schon selbstkritisch feststellte: »Es gab Missverständnisse zwischen Frankreich und Russland, ich wünsche mir, dass wir uns wieder annähern.« (Le Figaro vom 26.5.2018: 4)

Zur Kenntnis genommen werden muss auch, dass Macron Anhänger des »Europa der zwei Geschwindigkeiten« ist. Denn das »Europa der 28 kann nicht funktionieren wie das Europa der Sechs.«[29] Es ist klar, dass damit die ohnehin schon bestehenden Zentrifugalkräfte innerhalb der EU weiter verstärkt werden. Nichtmitglieder der Eurozone wie Polen befürchten, abgehängt zu werden. Macron nimmt das in Kauf. Er sieht dringenden Handlungsbedarf und da ist die Schwerfälligkeit von Entscheidungen mit 27 Mitgliedstaaten nur ein Klotz am Bein. Effizienz vor Einheit ist seine Devise.

---

[29] www.elysee.fr/declarations/article/initiative-pour-l-europe-discours-d-emmanuel-macron-pour-une-europe-souveraine-unie-democratique/.

*Stabilisierung der Eurozone*

Der harte Kern der europapolitischen Vorschläge Macrons bezieht sich auf die Stabilisierung der Eurozone. Im Wesentlichen laufen sie auf zwei Punkte hinaus:

- ein eigenes Eurozonenbudget »von mehreren Prozent« des BIP;
- ein Finanzminister für die Eurozone, der die institutionelle Basis für die Verwaltung und die Verteilung des Budgets bildet.

Doch schon gleich nach seiner legendären Rede in der Sorbonne im September 2017 setzte Gegenwind ein. Die monatelange Hängepartie der deutschen Koalitionsverhandlungen nutzten die Wirtschaftslobby, der CDU-Wirtschaftsrat und Bundesbankchef dazu, um gegen die Vorschläge aus Paris zu mobilisieren. Das Hauptargument: Man will keine Haftungs- und Transferunion und deshalb solange keine finanziellen Verpflichtungen eingehen, solange die anderen nicht ihre Banken stabilisiert und die Arbeitsmärkte und Sozialsysteme auf Austeritätskurs gebracht haben.

Wer erwartet hatte, dass sich durch die Übernahme des Finanzministeriums durch die SPD daran etwas ändert, sah sich enttäuscht. Finanzminister Olaf Scholz, hat sich ausdrücklich zur Fortsetzung der Politik seines Vorgängers bekannt. Der französische Präsident wisse »dass sich nicht alle seine Vorschläge umsetzen lassen. Wir schauen jetzt, was möglich ist, ohne dass die Handlungsmöglichkeiten der einzelnen Staaten überfordert werden.« (FAZ vom 16.4.2018: 17) Le Monde kommt daher am 18.4.2018 zu dem treffenden Schluss: »Merkel bremst Macrons Ambitionen. Die deutsche Kanzlerin will keine tiefgreifende Reform der Eurozone.«

Aber es war nicht nur Berlin, das Macrons Pläne blockierte. Anfang März 2018 erklärte eine Gruppe von »Nordstaaten« (Niederlande, Irland, Dänemark, Schweden, Finnland sowie die baltischen Staaten), dass sie auf Strukturreformen und der Einhaltung des Stabilitätspakts bestehen. Außerdem wandten sie sich dagegen, dass Frankreich und Deutschland Deals unter sich ausmachen, zu denen sie dann nur noch Ja sagen können. Hier zeichnet sich – ähnlich wie bei der Visegrád-Gruppe – ein Subzentrum ab, bei dem die neoliberale Grundhaltung und die Forderung nach Mitsprache das einigende Band sind.

Was jetzt von Macrons Plänen übrig bleibt sind:

- die Vollendung der Bankenunion – aber auch nur vage und vielleicht;
- der Ausbau des Europäischen Stabilitätsmechanismus (ESM) zu einer Art europäischem Währungsfonds, und
- eine als »Investivfonds« etikettierte neue Kreditlinie für die Eurozone.

Die Bankenunion soll verhindern, dass die Steuerzahler im Krisenfall wieder bluten müssen. Implementiert sind bisher eine bei der EZB angesiedelte Aufsichtsbehörde, sowie ein Insolvenzverfahren für Pleitebanken. Als dritte Komponente soll ein Einlagenfonds dazu kommen. Der ist seit Jahren umstritten, und zwar nicht nur bei deutschen Stabilitätsfetischisten, sondern z.B. auch bei den Sparkassen. Ihr Argument: »Unser Geschäftsmodell ist nicht auf Spekulation ausgelegt.« Deshalb wolle man nicht für die riskanten Praktiken der Investmentbanken, seien es deutsche oder ausländische, mithaften. Da ist auch aus einer Perspektive, die den Finanzkapitalismus kritisch sieht, was dran.

Der Europäische Stabilitätsmechanismus (ESM – vulgo Rettungsschirm) ist ein Fonds, der von Insolvenz bedrohten Ländern unter die Arme greifen soll. Bisher ist das eine intergouvernementale Einrichtung, d.h. außerhalb der EU-Institutionen und Regeln. Jetzt soll sie als Krisenfeuerwehr in die EU eingebunden werden. Aber wie bei ihrem Vorbild, dem Internationalen Währungsfonds (IWF), ist jede Hilfe an strenge Strukturanpassungsauflagen gebunden. Rettung gibt es nur gegen Austeritätspolitik.

Um nicht den Eindruck völliger Sturheit zu erwecken, hat Merkel Macrons Wunsch nach einem Eurozonenbudget in Form eines »Investivfonds« aufgegriffen. Tatsächlich handelt es sich dabei aber lediglich um eine neue Kreditlinie »im unteren zweistelligen Milliardenbereich« – also irgendwo zwischen zehn und maximal 30 Milliarden Euro. Aber auch hier insistiert Merkel: »Immer gegen Auflagen natürlich, in begrenzter Höhe und mit vollständiger Rückzahlung.« (FAZ vom 4.6.2018: 17) Unterm

Strich bedeutet dies, dass die ohnehin schon recht bescheidenen Vorschläge Macrons auf Merkelsches Maß geschrumpft sind. Die Eurozone wird weiter vor sich hinkrebsen. An ihrer fragilen Konstruktion wird sich nichts ändern, und falls es zu einer neuen Finanzkrise oder einem Konjunktureinbruch kommt, wird der Absturz umso schmerzhafter sein.

### 5.3 It's the Strukturen – stupid

Wichtige Entscheidungen in der EU sind nur möglich, wenn sich Frankreich und Deutschland einig sind. Das bedeutet auch, dass die EU nicht gerade eine basisdemokratische Veranstaltung ist, sondern von informellen Machtstrukturen durchzogen wird. An der Spitze der Hierarchie stehen Deutschland und Frankreich. Auch auf den weiteren Rängen finden immer Positionskämpfe statt. Das heißt nicht, dass Paris und Berlin allein den Kurs bestimmen könnten. In zunehmendem Maße verlangen auch die anderen Mitsprache. Das Funktionieren der Achse Paris-Berlin ist also eine notwendige, aber noch keine hinreichende Voraussetzung dafür, dass es in der EU läuft.

Wie wir aber im vorherigen Kapitel gesehen haben, können sich die beiden nicht einmal auf auch nur halbwegs substanzielle Reformen zur Stabilisierung der Eurozone einigen. Dabei ist weitgehend Konsens, dass es die Bundesregierung ist, die hartnäckig einen Kurswechsel hintertreibt. Allerdings sind es nicht Sturheit, Dummheit oder Egoismus von Politikern, die die Haltung Berlins bestimmen, auch wenn solche Momente hineinspielen mögen. Es ist auch nicht Nationalismus im Sinne einer Ideologie, die das Eigene für besser und das Andere für schlechter hält. Entscheidend ist vielmehr, dass die Bundesregierung mit Zähnen und Klauen das deutsche Wirtschaftsmodell verteidigt, das heißt die extreme Exportorientierung der deutschen Wirtschaft, den *Exportweltmeister* (siehe Tab. 1, die die Leistungsbilanzen von vier typischen Volkswirtschaften zeigt). Deutschland hat über lange Zeit einen großen Überschuss, ebenso China. Frankreich und die USA haben dagegen genauso lange ein Defizit. Deutschland exportiert zu viel und importiert zu wenig. Hier liegt der strukturelle Kern des Konflikts sowohl zwischen Washington

**Tab. 1: Leistungsbilanzen ausgewählter Länder (in % von BIP)**

| | 2010 | 2011 | 2012 | 2013 | 2014 | 2015 | 2016 | 2017 | 2018 | 2019 | 2023 |
|---|---|---|---|---|---|---|---|---|---|---|---|
| Deutsch-land | 5,6 | 6,1 | 7 | 6,7 | 7,5 | 8,9 | 8,5 | 8 | 8,2 | 8,2 | 7,8 |
| China | 3,9 | 1,8 | 2,5 | 1,5 | 2,2 | 2,7 | 1,8 | 1,4 | 1,2 | 1,2 | 0,6 |
| USA | -2,9 | -2,9 | -2,6 | -2,1 | -2,1 | -2,4 | -2,4 | -2,4 | -3 | -3,4 | -3 |
| Frank-reich | -0,8 | -1 | -1,2 | -0,9 | -1,3 | -0,4 | -0,9 | -1,4 | -1,3 | -0,9 | -0,2 |

Ab 2018: Prognose; Quelle: IWF, World Economic Outlook, April 2018

und Berlin als auch das Problem Macrons. Auf Dauer sind solche makro-ökonomischen Ungleichgewichte nicht durchzuhalten. Der deutsche Neo-Merkantilismus vertieft stetig die ökonomische Kluft zu Frankreich.

Allerdings ist dieses Modell deutsche Staatsraison. An ihm hängt ein wesentlicher Teil des wirtschaftlichen Erfolgs, sowie der Einfluss Berlins in der EU und der Welt. Eine Änderung ist nur möglich durch eine Strukturanpassung, die allerdings nicht über Nacht vonstattengehen würde. Selbst wenn es eine linke Regierung in Berlin gäbe, müsste sie sich nicht nur mit der Exportwirtschaft der Automobil-, Maschinenbau- und Chemieindustrie herumschlagen, sondern auch mit der Tatsache, dass die Gewerkschaften dieser Branchen ebenfalls Teil des deutschen Standortbündnisses sind.

Das Bild struktureller Gegensätze zwischen Frankreich und Deutschland vervollständigt sich, wenn man sich den Stand der öffentlichen Schulden und das staatliche Haushaltsdefizit ansieht (siehe Tab. 2 und 3). Auch hier öffnet sich die Schere zwischen Frankreich und Deutschland immer weiter.

Wenn also die deutsch-französische Achse eiert, dann in erster Linie wegen dieser strukturellen Widersprüche. Daran wird sich trotz Küsschen zwischen Merkel und Macron und Sonntagsreden bei der Verleihung des Aachener Karlspreises nichts ändern, solange diese Disparitäten bestehen. Auch Macrons Vorgänger Sarkozy und Hollande hatten schon die Ungleichgewichte anpacken wollen, gingen dann aber rasch wieder auf die Knie. Ähnliche Inkompatibilitäten bestehen auch zwischen anderen

**Tab. 2: Öffentliche Verschuldung (brutto in % von BIP)**

|  | 2000-2009 | 2012 | 2013 | 2014 | 2015 | 2016 | 2017 |
|---|---|---|---|---|---|---|---|
| Deutschland | 63,9 | 79,8 | 77,4 | 74,7 | 71 | 68,2 | 64,1 |
| Frankreich | 65,4 | 90,7 | 93,5 | 95,5 | 95,8 | 96,6 | 97,0 |

Quelle: IWF, World Economic Outlook, April 2018

**Tab. 3: Öffentliches Haushaltsdefizit (in % von BIP)**

|  | 2000-2009 | 2012 | 2013 | 2014 | 2015 | 2016 | 2017 |
|---|---|---|---|---|---|---|---|
| Deutschland | -2,2 | -0,2 | 0,1 | 0,5 | 0,6 | 0,8 | 0,9 |
| Frankreich | -3,4 | -3,5 | -2,4 | -2,3 | -1,9 | -1,8 | -1,4 |

Quelle: IWF, World Economic Outlook, April 2018

Volkswirtschaften der EU. Wenn diese nicht durch Transfers, steuerliche, politische und rechtliche Harmonisierung ausgeglichen werden, wie dies innerhalb eines Nationalstaates möglich ist, dominieren unweigerlich die strukturell bedingten national-staatlichen Interessen der Mitgliedsländer.

Dazu kommen beträchtliche kulturelle und mentale Unterschiede, politische Traditionen und das Festhalten am Selbstbild der nationalen Kollektive, das gemeinhin auch als »nationale Identität« bezeichnet wird. Also das, von dem die meisten Franzosen, Italiener, Dänen, Polen etc. denken, dass es sie jeweils von den anderen unterscheidet (zum Identitätsbegriff siehe Baberg 2017). Der Begriff »Identität« spielt auch in der europapolitischen Diskussion eine Rolle. So wird er bei der rechtsextremen Bewegung der »Identitären« dazu benutzt, in Anlehnung an das reaktionäre Konzept vom »christlichen Abendland« eine »europäische Identität« zu konstruieren. Auch im konservativen Lager gibt es solche Ansätze. So fordert der Sprecher der EVP-Fraktion im EP, Manfred Weber »eine europäische Leitkultur« (Die Welt vom 7.6.2017: 4). Aber auch bei Sozialdemokraten und Linksliberalen findet die Idee einer »europäischen Identität« ihre Liebhaber. So hat Julian Nida-Rümelin, unter Bundeskanzler Schröder Kulturbeauftragter der Bundesregierung, schon 2007 einen Sammelband herausgebracht, der sich um die Konstruktion einer europäischen Identität bemüht (Nida-Rümelin/Weidenfeld 2007).

Hierzulande wird der Begriff in der Debatte um eine angebliche »deutsche Leitkultur« benutzt, um die Rechtsentwicklung ideologisch zu untermauern. Tatsächlich handelt es sich bei der »nationalen Identität« um ein Mix aus Partikeln gesellschaftlicher Realität, kollektiver Erfahrungen – z.b. Kriege, oder, wie bei Polen, die jahrhundertelange Unterdrückung nationaler Selbstbestimmung –, gemeinsamen Elementen der Lebensweise, Stereotypen und Klischees, Ressentiments und Mythen. Vieles davon ist herrschaftsförmig geprägt und wird für die Befeuerung von Nationalismus instrumentalisiert. Ein emanzipatorischer Begriff von Identität liefe dagegen auf einen Konsens über den Gesellschaftsvertrag hinaus, der auf Demokratie, Gerechtigkeit, Menschenrecht und Weltoffenheit basiert. Für die Deutschen käme hinzu, dass Auschwitz unauslöschlich Teil ihres kollektiven Selbstverständnisses ist.

Zusammenfassend kann man festhalten, dass es nicht böser Wille, sondern strukturelle Verschiedenheiten sind, die die zentralen Probleme der EU verursachen:

- kulturelle, politische und ökonomische Heterogenität;
- machtpolitische Rivalitäten;
- ökonomische und soziale Standortkonkurrenz;
- hyperkomplexe und schwerfällige Governance-Strukturen;
- Beharrungsvermögen nationalstaatlicher Interessen und Identitäten.

In Abwandlung eines berühmten Zitats von Willy Brandt könnte man sagen: Hier strebt auseinander, was nicht zusammenpasst.

## 5.4 »Soziales Europa« – die Mohrrübe für den linken Gaul

Erfunden wurde das Narrativ vom sozialen Europa von Jacques Delors, Kommissionspräsident von 1985 bis 1995. Unter seiner Präsidentschaft wurde mit der Etablierung des Binnenmarkts 1992 und der Verabschiedung des Maastricht-Vertrags eine qualitativ neue Phase der Integration eingeleitet. Als Sozialdemokrat war Delors aufgefallen, dass der Binnenmarkt die Asymmetrie im Verhältnis von Lohnarbeit und Kapital zugunsten der Kapitalseite verschärft. Daher sollte es als Ergänzung zum Binnenmarkt eine soziale Komponente geben, um die Asymmetrie abzumildern.

Viele Linke vor allem in Deutschland und auch die Gewerkschaften griffen dankbar nach dem Konzept. Einerseits verursachte ihnen die Verankerung des Neoliberalismus in Maastricht Magengrimmen. Andererseits war Maastricht eben auch »Mehr Europa« und daher für »überzeugte Europäer« prinzipiell erst mal etwas Gutes. Unter der Voraussetzung, dass die Vertiefung der Integration stetig in Richtung politische Union weitergeht, ist das auch durchaus nachvollziehbar. In dieser Perspektive ist das »soziale Europa« die logische Ergänzung der Marktintegration. Doch es kam anders.

*30 Jahre Erfolglosigkeit*
In den folgenden Jahren sollte sich zeigen, dass es nicht nur nicht zum Sozialen Europa kam, sondern ganz im Gegenteil, es verschärfte sich der Rückbau des Sozialstaates. Dies war ein Prozess, in dem einige Mitgliedstaaten wie Großbritannien, die Niederlande und ab 2000 auch Deutschland auf der einen Seite und die Kommission und EZB auf der anderen in geschicktem Zusammenspiel die Demontage des Sozialstaates betrieben. Zwar gab es auf EU-Ebene unzählige Resolutionen, Empfehlungen und Selbstverpflichtungen für ein »soziales Europa«, aber das war alles nicht bindend, sondern nur *Soft Law*. Ganz im Gegensatz zu dem einklagbaren und sanktionsbewehrten *Hard Law* für die Marktfreiheiten und das Wettbewerbsrecht. Dementsprechend setzte die Privilegierung von Liberalisierung, Deregulierung, Privatisierung und Standortwettbewerb Löhne und Sozialsysteme immer stärker unter Druck. Politisch flankiert wurde diese Entwicklung durch neoliberale Reformprojekte, wie die deutsche Agenda 2010. Folglich konnte EZB-Chef Mario Draghi in einem Interview mit dem Wallstreet Journal schon 2012 bilanzieren: »Europas Sozialmodell gehört der Vergangenheit an.«

Linke Verteidiger der EU argumentieren, dass diese Politik auch ohne die EU durchgesetzt worden wäre. Da ist insofern etwas dran, als die *neoliberale Konterrevolution*, wie Elmar Altvater die neoliberale Wende nannte, ein globales Phänomen ist. Aber für die spezifische Durchsetzung dieser Konterrevolution waren die supranationalen Instrumente der EU ein hilfreiches Instrument. Besonders deutlich wird dies im Falle Griechenlands. Die Regeln und Institutionen der EU haben das Land nicht nur zu einem brutalen Austeritätskurs gezwungen, sondern auch seine Demokratie ausgehebelt. So wurde z.B. das Ergebnis des Referendums vom Juli 2015, in dem die griechische Bevölkerung der Austeritätspolitik eine Absage erteilte, einfach ignoriert. Spätestens an dieser Stelle wird das Argument, das alles wäre auch ohne die EU passiert, unhaltbar.

### »Soziale Säule« als Feigenblatt

Aufgeschreckt durch den Aufstieg der extremen Rechten und den Brexit haben sich unter dem Label »Soziale Säule« neuerdings wieder die Bemühungen verstärkt, der EU ein soziales Image zu geben. So wurde im April 2017 ein »Reflexionspapier zur sozialen Dimension Europas« veröffentlicht und im November 2017 auf einem Sozialgipfel in Göteborg die »Europäische Säule Sozialer Rechte« (ESSR) verabschiedet. Wie immer bei diesen Konferenzen werden allgemeine Prinzipien proklamiert. Wer könnte schon gegen Chancengleichheit, faire Arbeitsbedingungen, Sozialschutz und soziale Inklusion sein! Manchmal wird es sogar konkret, etwa wenn EU-weite Mindestlöhne gefordert werden. Aber das alles bleibt unverbindliche, rechtlich nicht bindende Symbolpolitik. »Ganz offenkundig geht es in erster Linie darum, der neoliberalen EU-Politik einen sozialen Anstrich zu geben,« so die AG-Europa der Bundestagsfraktion der Linkspartei in einem Positionspapier vom März 2017. Dagegen heißt es in einer Erklärung des DGB: »Der DGB-Bundesvorstand begrüßt die auf dem EU-Sozialgipfel in Göteborg geplante Proklamation der Europäischen Säule sozialer Rechte (ESSR). Damit steht die soziale Dimension der Europäischen Union wieder auf der politischen Tagesordnung der europäischen Politik...«[30] Zwar werden dann noch »konkrete und vor allem rechtsverbindliche Schritte«

---

[30] www.dgb.de/presse/++co++28097cda-c3b1-11e7-b868-52540088cada.

gefordert, aber eine Durchsetzungsstrategie wird wieder nicht formuliert.

*Soziale EU – mission impossible im Rahmen der Verträge*
Dennoch halten Gewerkschaften und weite Teile der gesellschaftlichen Linken in Deutschland auch nach 30 Jahren Erfolglosigkeit am Mantra des sozialen Europa fest. Als Zielvorstellung, Vision oder normative Orientierung ist ja auch gar nichts dagegen einzuwenden. Aber die bloße Anrufung eines noch so hehren Zieles nach fast 30 Jahren erfolgloser Versuche, es zu erreichen, ist keine Politik für die historische Situation, in der die EU derzeit steckt.

Dazu müsste man die rechtlichen und vertraglichen Hindernisse und Spielräume thematisieren, sowie die Kräfteverhältnisse in den Mitgliedsländern und in den europäischen Institutionen, incl. EZB und EuGH. Dann würde man schnell merken, dass die EU nachgerade dafür konstruiert ist, jede nennenswerte Abweichung vom neoliberalen Kapitalismus zu verhindern. Selbst eine nur halbwegs links- und öko-keynesianische Wirtschafts- und Sozialpolitik ist im Rahmen des Primärrechts illegal, quasi verfassungswidrig. Das ist es, was mit neoliberalem Konstitutionalismus gemeint ist. Wenn Brüssel dennoch vom »sozialen Europa« spricht, so erinnert das an Lucky Luke aus dem gleichnamigen Comic. So wie Lucky seinem Klepper die Mohrrübe vor die Nase hält, um ihn auf Trab zu halten, soll die Parole vom sozialen Europa Gewerkschaften und Linke bei der europäistischen Stange halten.

## 5.5 Die Sehnsucht nach der Großmacht

Europäische Länder haben in den vergangenen 500 Jahren der Weltgeschichte ihren Stempel aufgedrückt. Kolonialismus und Imperialismus waren Menschheitsverbrechen, deren Zerstörungskräfte bis heute nachwirken. Die Herrschafts- und Ungleichheitsstrukturen im Verhältnis zu Afrika, Asien und Lateinamerika sind noch immer stark davon geprägt. Der Kapitalismus, in Westeuropa entstanden, hat sich heute über den gesamten Planeten ausgedehnt.

Gleichzeitig wurden auch emanzipatorische Ideen in die Welt verbreitet, die sich meist gegen die herrschenden Klassen der europäischen Staaten und oft unter schweren Opfern ihrer Protagonisten durchsetzen mussten. So die Aufklärung, die in Frankreich, England, Holland, Italien und Deutschland entstanden war, die Normen von Demokratie und Menschenrechten, kritische Gesellschaftstheorie, Marxismus, Sozialismus und Kommunismus.

Nachdem schon der Zweite Weltkrieg die Gewichte von Europa über den Atlantik verschoben hatte und die USA zur Supermacht aufgestiegen waren, erleben wir gegenwärtig wieder einen tiefgreifenden Umbruch der Weltordnung. Das nach dem Ende der UdSSR entstandene unipolare System mit den USA an der Spitze war nur von kurzer Dauer. Mit dem Aufstieg Chinas zur Supermacht – perspektivisch wohl auch Indiens – sowie dem Comeback Russlands als Großmacht transformiert sich das internationale System hin zu einer multipolaren Ordnung. Die Bedeutung der EU wird in diesem Prozess weiter zurückgehen. So prognostiziert Price Waterhouse Cooper, dass bis 2050 der Anteil der EU am globalen BIP (gemessen in Kaufkraftparitäten = KKP[31]) von derzeit 15% auf 9% zurückgehen wird, während der von China von 18% auf 20% und der von Indien von 7% auf 15% steigen wird. Betrug der Anteil Europas an der Weltbevölkerung um 1900 noch 25%, so steht der der EU derzeit bei 7%, und wird um 2050 auf 4,5% sinken.

Dennoch meint man, weiterhin Anspruch auf eine Weltmachtrolle zu haben. Und dazu gehört unter den herrschenden Bedingungen auch militärische Stärke. So heißt es z.B. in einer Entschließung des EU-Parlaments vom 14.12.2016, »dass die EU ihre Sicherheits- und Verteidigungsfähigkeiten stärken muss, da

---

[31]  Das BIP wird zunehmend nicht nur in Dollarparität, sondern auch in KKP berechnet. Was das bedeutet, erkennt man am sogenannten Big-Mac-Index. Ein Big Mac ist überall auf der Welt exakt gleich. Dennoch kostet er in New York 4,93 $, in Peking 2,08, in Moskau 1,35 $ und in Zürich 6,44 $. Daher liegt das BIP Chinas in KKP gerechnet schon seit einigen Jahren vor dem der USA. und die russische Wirtschaft gleich hinter Deutschland auf Platz 6, Großbritannien auf Platz 9 und Frankreich auf Platz 10.

sie ihr volles Potenzial als Weltmacht nur nutzen kann, wenn sie ihre einzigartige ›Soft Power‹ im Rahmen eines umfassenden EU-Ansatzes mit ›Hard Power‹ kombiniert«. Und die Außenbeauftragte Federica Mogherini meint: »Wirtschaftlich ist die EU ein Riese, wie die USA und China. Und unsere ›Softpower‹ ist die beste der Welt. Aber es gibt Dinge, die wir jetzt verbessern müssen. (...) Die Idee, dass Europa eine ausschließlich ›zivile Macht‹ ist, wird der sich abzeichnenden Realität nicht gerecht. (...) Im heutigen Europa gehen Soft Power und Hard Power Hand in Hand.«

»Einzigartige Softpower (...) die beste der Welt« – da ist er wieder, der alte Eurozentrismus, die dünkelhafte Selbstüberschätzung, wie sie aus dem herkömmlichen Nationalismus bekannt ist. Spätestens hier wird deutlich, die EU ist keineswegs die Überwindung des Nationalismus, sondern reproduziert ihn als »europäische Identität« quasi im Quadrat.

Inzwischen werden die Pläne zum Ausbau militärischer Kapazitäten in die Tat umgesetzt. Grundlage ist Artikel 42 des Lissabonner Vertrages: »Die Gemeinsame Sicherheits- und Verteidigungspolitik ist integraler Bestandteil der Gemeinsamen Außen- und Sicherheitspolitik. Sie sichert der Union eine auf zivile und militärische Mittel gestützte Operationsfähigkeit.« Integrationspolitisch bemerkenswert ist, dass Artikel 42 ausdrücklich vorsieht, dass nicht alle Mitgliedstaaten sich gleichermaßen daran beteiligen müssen. Solche, »die anspruchsvollere Kriterien in Bezug auf die militärischen Fähigkeiten erfüllen und die im Hinblick auf Missionen mit höchsten Anforderungen untereinander weiter gehende Verpflichtungen eingegangen sind«, können eine beliebig zusammengesetzte Koalition der Willigen eingehen, die sogenannte Ständige Strukturierte Zusammenarbeit (englische Abkürzung PESCO). PESCO weitet das Prinzip des »Europa der zwei Geschwindigkeiten« aus auf die Möglichkeit der drei, vier, fünf Geschwindigkeiten.

Im Rahmen von PESCO haben Deutschland und Frankreich bereits die gemeinsame Produktion eines neuen Kampfflugzeugs beschlossen. Das Projekt ist auf 80 Mrd. Euro ausgelegt und damit das größte europäische Rüstungsprojekt. Es sollen nicht nur die Bundeswehr und die französische Luftwaffe damit bestückt, sondern auch der Rüstungsexport angekurbelt werden. Insgesamt wurden bis dato 18 Projekte unter PESCO vereinbart, darunter eine Schnelle Eingreiftruppe. Hinzu kommt permanent Druck aus der NATO und aus Washington, die Rüstungsausgaben auf 2% des BIP zu erhöhen. Dem Stockholmer Institut für Friedensforschung (SIPRI) zufolge haben 2017 lediglich Estland (2,1%), Frankreich (2,3%) Griechenland (2,5%), Polen (2,0%) und Rumänien (2,0%) die Marke erreicht. Deutschland lag bei 1,2%.

2017 betrugen die aggregierten Militärausgaben der EU-Mitgliedsländer bei 258,7 Mrd. US-Dollar. Zum Vergleich: Die von Russland beliefen sich im gleichen Jahr auf 66,3 Mrd. US-Dollar.[32] Das heißt, die EU-Länder geben fast viermal so viel aus wie Russland. Selbst wenn man berücksichtigt, dass bei Berechnung nach Kaufkraftparität (KKP) die russischen Militärausgaben höher angesetzt werden müssten – schätzungsweise in der Größenordnung von 160 Mrd. USD – sind die EU-Ausgaben schon jetzt immer noch um 100 Mrd. USD deutlich höher als die russischen. Wenn sie jetzt noch auf 2% des BIP aufgestockt würden, würde die Asymmetrie noch höher. Allein das Aufstocken des deutschen Militäretats auf 2% wäre ein Plus von 35,3 Mrd. USD – von derzeit 44,3 Mrd. auf knapp 80 Milliarden.

Die Großmachtträume verschärfen nicht nur die Konfrontation mit Russland und erhöhen das Kriegsrisiko, sie absorbieren Mittel, die anderswo dringend gebraucht werden. Für die Bevölkerung sind sie eine schwere Bürde, in erster Linie für die subalternen Schichten, während sie der Rüstungsindustrie märchenhafte Profite verspricht. Allerdings geraten die Pläne zur Militarisierung ab einem bestimmten Niveau auch in Widerspruch zu den Hegemonialinteressen der USA und der NATO. Deshalb ist z.B. nicht zu erwarten, dass die EU eine eigene Atombombe bekommt. Die NATO-Staaten USA, Frankreich und Großbritannien werden auf ihrem Monopol bestehen. Auf absehbare Zu-

---

[32] SIPRI Military Expenditure Database; konstante Preise in $ www.sipri.org/databases/milex.

kunft wird die EU als Militärmacht nur komplementär zur NATO und als Juniorpartner der USA fungieren können. Hinzu kommt, dass die östlichen Mitgliedsländer, vorneweg Polen und die Balten, militärisch eine enge Anlehnung an die USA vorziehen. Insofern werden die militärischen Bäume der EU nicht in den Himmel wachsen.

## 5.6 Linke Kontroversen

Die Zukunft der EU wird nicht nur in der gesellschaftlichen Linken, sondern in allen politischen Lagern kontrovers diskutiert. Das ist nicht überraschend. Dramatische Mehrfachkrisen, wie wir sie gegenwärtig erleben, führen immer dazu, dass fieberhaft nach Lösungen gesucht und über Auswege gestritten wird. Gleichwohl gibt es in der Linken auch breiten Konsens in der Ablehnung der EU-Politiken in fast allen Bereichen, so der neoliberalen Handelspolitik (TTIP, CETA, EPAs etc.), der Austeritätspolitik, der Migrations- und Asylpolitik, dem erpresserischen Umgang mit Griechenland, bei Privatisierungen, der erneuten Liberalisierung der Finanzmärkte mit der sogenannten Kapitalmarktunion u.v.a.m. Zum anderen gibt es jedoch auch Kontroversen bei allgemeineren und übergreifenden Fragen. Die wichtigsten, die in der Art eines ideologischen Betriebssystems viele Debatten und Einzelfragen strukturieren, sind:

- Ist die EU reformierbar, wenn ja unter welchen Bedingungen, wenn nein warum, und was ist dann die Alternative?
- Wie ist das Verhältnis von Nationalstaat zur supranationalen Ebene? Soll der Nationalstaat verschwinden? Wieviel Subsidiarität und Dezentralisierung auf die regionale und lokale Ebene sind nötig und möglich?
- Welche Strategie wählt man? Soll man die Integration vertiefen, »Mehr Europa aber anders«? Sollte es ein Integrationsmoratorium geben, selektive und differenzielle Integration, d.h. Integration auf bestimmten Gebieten, aber gleichzeitig Rückbau auf anderen? Oder wäre es besser, man würde den Laden ganz auflösen und durch etwas völlig Neues ersetzen?

*Ist die EU reformierbar?*
Diese Kontroverse ist nicht zu verwechseln mit alten Debatten um Reform versus Revolution. Den Kritikern der Reformorientierung geht es nicht um Revolution. Ihr Argument ist vielmehr, dass der neoliberale Konstitutionalismus selbst eine keynesianische oder öko-keynesianische Orientierung unmöglich macht, weil dazu die Verträge geändert werden müssen. Und da das nur einstimmig geht, würden sich die Chancen dafür im utopischen Bereich bewegen.

Ihre Kontrahenten gehen davon aus, dass es auch unterhalb der Ebene von Vertragsänderungen möglich sei, progressive Politiken durchzuführen. Dabei verweisen sie darauf, dass Vorschläge wie die Einrichtung eines Eurozonenbudgets, mit dem viele nützliche Investitionen möglich würden, eine EU-Arbeitslosenversicherung oder ein Mindestlohn nicht an den Verträgen scheitern, sondern am politischen Widerstand von einzelnen Mitgliedsländern, nicht zuletzt Deutschlands. Gegebenenfalls könne man solche Maßnahmen ja auch als intergouvernementale Abkommen außerhalb der Verträge durchführen.

Hierauf wiederum antworten die Kritiker, dass damit zum einen bestätigt würde, dass man sich nicht an die Verträge halten kann, wenn man einen progressiven Politikwechsel will. Zum anderen seien natürlich auch unter den Verträgen einige Reformen möglich, solange sie nicht gegen die neoliberale Grundordnung verstoßen. Am Vorrang des Primärrechts ändere dies nichts. Auch die Hartz-IV-Sätze seien schließlich schon erhöht worden, aber der Vorrang der neoliberalen Logik würde dadurch nicht infrage gestellt.

*Nationalstaat und Supranationalität*
Die wohl am tiefsten reichende Kontroverse in der Linken dreht sich um das Verhältnis von Nationalstaat zu Supranationalität. Sie tangiert grundlegende linke Wertorientierungen wie den Internationalismus und ist höchst affektiv aufgeladen. Vor allem die deutsche Linke ist vehement anti-nationalistisch. Das ist vor dem Hintergrund der deutschen Geschichte eine Errungenschaft, die unbedingt bewahrenswert ist. Denn der National-

staat ist keine neutrale und risikofreie Veranstaltung, vor allem nicht, solange es sich um kapitalistische Nationalstaaten handelt, deren Politik wesentlich von den Interessen der Herrschenden bestimmt werden. Wie jedes Kollektiv – von der Urhorde, über die Sippe und das Duodezfürstentum bis zur EU – etabliert er ein *Innen* und *Außen* ein *Wir* und *die Anderen*. Wenn dies nicht demokratischer Kontrolle unterliegt, kann es aggressiv nach außen und repressiv nach innen werden. Aber Nationalstaat ist nicht Nationalstaat. Es ist eine germanozentrische Weltsicht, die historischen Erfahrungen mit Deutschland auf die übrige Welt übertragen zu wollen.

Dabei werden sehr häufig Nationalismus und Nationalstaat in einen Topf geworfen und Internationalismus mit Supranationalität verwechselt. Nationalismus ist eine Ideologie der Ungleichheit, die das Eigene aufwertet und das Fremde abwertet. Internationalismus ist die Solidarität zwischen den Unteren verschiedener Länder, aber nicht die Zahlungsverpflichtung französischer Lohnabhängiger für die Rettung der Deutschen Bank, oder die Kumpanei des deutschen Außenministers mit völkerrechtswidrigen Militärattacken Frankreichs.

Der Nationalstaat ist weltweit der dominierende Rahmen der Vergesellschaftung. Er ist wie keine andere Verfassung territorial verfasster Kollektive die Verdichtung kommunikativer, kultureller, ökonomischer, politischer und juristischer Beziehungen. Er ist bisher der einzige Rahmen, in dem die repräsentative Demokratie und der Sozialstaat möglich wurden, wenn auch erst nach langen Kämpfen der Subalternen. Und selbstverständlich sind diese Errungenschaften wegen der herrschaftsförmigen und klassenmäßigen Verfassung des Nationalstaates auch immer wieder reversibel. Weder ist der Nationalstaat essenzialistisch und unveränderbar reaktionär, noch ist er per se Hort der Demokratie oder sozialer Schutzraum. Er ist grundsätzlich ambivalent, und zu welcher Seite seine Entwicklung neigt, hängt vom jeweiligen gesellschaftspolitischen Kräfteverhältnis ab.

Für eine vernünftig überschaubare Zukunft bleibt er allerdings der dominante Rahmen für Vergesellschaftung. Nicht zuletzt deshalb, weil auch die Bevölkerungen der Nationalstaaten

– von den USA über China und Brasilien bis Südafrika, Frankreich, Polen, Italien und Israel – nicht daran denken, ihn infrage zu stellen. Er bleibt auch auf absehbare Zeit die grundlegende Kategorie des Völkerrechts. Zudem erfreut sich der Nationalstaat auch bei Nationen, die über keinen Staat verfügen, wie die Kurden, die Palästinenser oder die Katalanen, ungebrochener Beliebtheit. Selbst so »überzeugte Europäer« wie Jean-Claude Juncker kommen daher zu dem realistischen Schluss: »Die europäischen Nationen sind kein Provisorium der Geschichte, sondern auf Dauer eingerichtet.« (FAZ vom 22.6.2016: 2)

Im Zuge der Globalisierungsdebatte wird oft auch die These von einer »postnationalen Konstellation« (Habermas) vertreten, oder eine als »Empire« vorgestellte transnationale Weltgesellschaft (Hardt/Negri) behauptet, in der der Nationalstaat obsolet sei. Wie so oft, ist ein bisschen was dran an der Sache. Aber das wird derart verallgemeinert und überzogen, dass es am Ende wieder falsch wird. Richtig ist, dass es durch die Globalisierung zu einem gewissen Steuerungsverlust gegenüber den globalen Finanzmärkten und den Transnationalen Konzernen kommt. Dem kann aber durch internationale Kooperation gegengesteuert werden. So könnten z.B. Frankeich, Deutschland, Italien und Spanien eine Koalition der Willigen gegen Apple bilden, um den Konzern dazu zu zwingen, angemessen Steuern zu zahlen. Dazu braucht man die EU nicht.

Richtig ist auch, dass die Globalisierung ein Zurück in die Welt des 19. oder der ersten Hälfte des 20. Jahrhunderts unmöglich macht. Die Globalisierung überlagert längst auch die europäische Integration. Selbst wenn die EU zerfällt, werden Internationalisierung von Produktion, Handel, Finanzen und Verkehr auch ohne Brüssel weiterbestehen. Daher geht auch der Vorwurf an linke Kritiker der EU, ein Austritt aus der EU oder deren Ende würde zurück in die Welt des 19. oder der ersten Hälfte des 20. Jahrhunderts führen, ins Leere. Ein Ende der EU wäre nicht das Ende internationaler Kooperation. Im Gegenteil, die Globalisierung erfordert mehr internationale Kooperation als je zuvor. Multilateralismus ist zwingend, wenn die großen globalen Probleme – Umwelt, Ungleichheit, geopolitische Konflikte, kollektive

Sicherheit, atomare Non-Proliferation, demokratische Kontrolle des Cyperspace etc. – gelöst werden sollen.

Unbeschadet dessen bleibt der Nationalstaat auch innerhalb der EU eine wichtige Arena der gesellschaftspolitischen Auseinandersetzung. Die angebliche Rückkehr zum Nationalstaat, die derzeit allenthalben beklagt wird, ist eine optische Täuschung, denn der Nationalstaat ist nie aufgegeben worden. Allerdings muss Politik heute mehrere Ebenen bespielen: die nationale, die Eurozone, die EU-27, aber auch die regionale und die lokale – und die internationale bzw. globale. Insofern geht die Entgegensetzung von supranationaler Ebene und nationalstaatlicher an der Realität vorbei. Der Widerstand der Wallonie gegen TTIP z.B. war ein eindrucksvolles Beispiel dafür, wie regionale Gebietskörperschaften große Politik machen können, ebenso wie die grenzüberschreitenden Kampagnen von Kommunen gegen die Privatisierung von Trinkwasser. In beiden Fällen war zudem das Handeln der staatlichen Ebene untersetzt von Protest- und sozialer Bewegung von unten. Die Klimakrise dagegen ist nur global zu lösen. Da hilft auch die EU nichts. Im Gegenteil, durch den Zwang zum Konsens mit Kohle- oder AKW-abhängigen Mitgliedstaaten (z.B. Polen und Frankreich) wird die EU zum Bremser für die ökologische Wende.

Die nationalstaatliche Ebene jedoch zu negieren, weil sie nicht »europäisch,« sondern »nationalistisch« sei, ist nicht links. Gerade die deutsche Linke hat die Verantwortung, dass die Interessen und die Souveränität anderer Nationalstaaten gegenüber der deutschen Dampfwalze respektiert werden.

*Welche Strategie?*
Kern dessen, was als »europäische Idee« bezeichnet wird, ist die Vorstellung, dass der europäische Kontinent zu einem gemeinsamen Gemeinwesen zusammenwachsen solle, bis hin zu den »Vereinigten Staaten von Europa«. Die Idee ist in allen politischen Lagern zu finden – und sie war in allen Lagern auch immer wieder kontrovers. So auch in der Linken. Schon 1912 meinte Rosa Luxemburg, dass nicht »die europäische Solidarität, sondern die internationale Solidarität, die sämtliche Weltteile,

Rassen und Völker umfasst«, linke Position sein müsse, denn »ebenso wie wir stets den Pangermanismus, den Panslawismus, den Panamerikanismus als reaktionäre Ideen bekämpfen, ebenso haben wir mit der Idee des Paneuropäertums nicht das geringste zu schaffen.« (Luxemburg 1911: 503)

Demgegenüber befürworten andere linke Strömungen, insbesondere unter dem Eindruck der beiden Weltkriege, Integration als Instrument der Friedenssicherung. Sie können darauf verweisen, dass es zwischen Frankreich und Deutschland, die sich durch eine »Erbfeindschaft« hindurch immer wieder bekriegt hatten, nach 1945 zu einem dauerhaften Frieden kam und auch zwischen den übrigen Mitgliedern der Union ein Krieg heute nicht denkbar ist. Allerdings steht dem gegenüber, dass die EU zugleich Teil eines geopolitischen Projekts war, der Blockbildung im Kalten Krieg, und immer auch komplementär zur NATO gedacht wurde. Auch bei der aktuellen Verschärfung der Konfrontation mit Russland ist die EU Teil des Problems und nicht der Lösung. So waren beispielsweise das Ignorieren legitimer Interessen Moskaus beim Assoziierungsabkommen mit der Ukraine noch unter der Barroso-Kommission oder der Auftritt der damaligen Außenbeauftragten Catherine Ashton auf dem Maidan wesentliche Drehungen an der Eskalationsschraube. Man stelle sich umgekehrt mal vor, der russische Außenminister würde bei einer Demo gegen TTIP sprechen!

Auch aus Sicht Afrikas, Asiens und Lateinamerikas dürfte die Aussicht, nach 500 Jahren Kolonialismus und Imperialismus sowie nach den Erfahrungen mit den *Vereinigten Staaten von Amerika* jetzt auch noch mit den *Vereinigten Staaten von Europa* konfrontiert zu werden, nicht unbedingt sehnsüchtig erwartet werden. Wenn man den internationalistischen Anspruch ernst nimmt, dann ist auch eine postkoloniale Perspektive in die europapolitische Diskussion einzubeziehen.

Aber auch aus demokratietheoretischen Motiven gibt es Einwände gegen eine politische Union. »Size matters«, wird hier argumentier, ein Großstaat mit 450 Millionen Menschen müsse zwangsläufig bürgerfern sein. Angesichts der Vielfalt Europas müssten kleinräumigere Formen der Vergesellschaftung angestrebt werden. Das bedeute keine Kirchturmspolitik, sondern schließe eine (grenz)übergreifende Zusammenarbeit ein – aber eben nicht in Form eines gemeinsamen Staates. Dementsprechend erlebt das Konzept des »Europa der Regionen«, das schon in den 1980er Jahren intensiv diskutiert wurde, auch in linken Kreisen eine Renaissance.

Die Erfahrungen mit den multiplen Krisen der EU haben dazu geführt, dass die Vision der »Vereinigten Staaten von Europa« zunehmend verblasst. Stattdessen mehren sich die Stimmen, die einen dritten Weg zwischen EU und Nationalstaat vertreten. Im europapolitischen Jargon ist dann von *differenzieller* und/oder *flexibler Integration* die Rede. Einer der Protagonisten ist der ehemalige Chef des Max-Planck-Instituts für Gesellschaftsforschung in Köln, Fritz Scharpf. Er plädiert für einen Mix aus Vertiefung der Integration auf bestimmten Gebieten, z.B. bei der Energiewende, und gleichzeitigem Rückbau auf anderen Gebieten. So schlägt er z.B. vor, die vier Grundfreiheiten vom Status des Primärrechts auf das des Sekundärrechts zurückzustufen (Scharpf 2014). Andere gehen noch einen Schritt weiter und ergänzen die differenzielle und flexible Integration durch eine stärkere Öffnung nach außen, z.B. zu Nordafrika, zur Türkei und den Nahen Osten und nach Osteuropa, inklusive Russland (Wahl 2017).

Hier kommt auch die Idee einer Zone der Sicherheit und Zusammenarbeit von Lissabon bis Wladiwostok ins Spiel. Sie wird keineswegs nur in linken Kreisen vertreten. So heißt es z.B. an einer Stelle, wo es niemand vermuten würde, nämlich in der Erklärung zum Minsker Abkommen, der Roadmap für eine politische Lösung des Ukraine-Konflikts: »Die Staats- und Regierungschefs bekennen sich unverändert zur Vision eines gemeinsamen humanitären und wirtschaftlichen Raums vom Atlantik bis zum Pazifik.«[33] In diesen Kontext gehört auch das Projekt der Neuen Seidenstraße, das von China gestartet wurde, und das eine infra-

---

[33] www.bundeskanzlerin.de/Content/DE/Pressemitteilungen/BPA/2015/02/2015-02-12-erklaerung-minsk.html.

strukturelle und ökonomische Integration in eurasischem Maß-stab anstrebt.

Hier ist vieles neu und noch sehr im Fluss. Die Diskussion steckt in der deutschen Linken noch in den Anfängen. Sie wird sich aber dazu verhalten müssen, wenn sie in der europapolitischen Debatte eine Rolle spielen will. Letztlich geht es darum, ob die Linke meint, jetzt für die Rettung dieser EU zu kämpfen, oder ob sie eine eigenständige, dritte Position zwischen europäistischem Mainstream und dem Nationalismus der extremen Rechten ent-wickeln kann.

## 5.7 Linke Strategien andernorts

Auch die Linke andernorts führt diese Diskussion. So wird z.B. in Attac Österreich ein Konzept des »strategischen Ungehorsams« vertreten. Dabei geht es darum, »zwar in der EU beziehungs-weise im Euro zu bleiben, aber gezielt Regeln zu brechen, die in Widerspruch zu linker Politik stehen«. (Attac 2017) Auch in der europapolitischen Diskussion in Attac Frankreich spielt der Be-griff des Ungehorsams gegenüber den EU-Verträgen eine zent-rale Rolle. Weitergehend noch waren die Überlegungen des da-maligen griechischen Finanzministers Yanis Varoufakis auf dem Höhepunkt der Krise, aus dem Euro auszusteigen. Diese Option wurde aber von der Syriza-Führung gestoppt. Auch viele Fach-ökonomen, vorneweg Nobelpreisträger Joseph E. Stiglitz, votie-ren unter den gegebenen Verhältnissen für eine Alternative zum Euro. Varoufakis hat inzwischen die transnationale Bewegung DIEM25 gegründet, die sich auch bereits als Partei etabliert hat und beabsichtigt, bei den Wahlen zum Europaparlament 2019 anzutreten.

Machtpolitisch am weitesten durchdacht ist die Strategie von La France Insoumise, jener neuen linken Formation, die bei den Präsidentschaftswahlen mit ihrem Kandidaten Jean-Luc Mélenchon fast 20% der Stimmen holte. Freilich ist dieser An-satz nur anwendbar, wenn die Linke an der Regierung ist, und wenn sie dabei auch machtpolitisch eine kritische Masse auf die Waage bringt, also in einem Land wie Frankreich oder Italien, oder in einer Koalition aus mehreren Ländern. Demnach sollen in einem *Plan A* Verhandlungen geführt werden, vor allem mit den Deutschen, in denen ein substanzieller Politikwechsel in der Wirtschafts- und Währungspolitik auch ohne Vertragsänderungen gefordert wird. Damit es aber nicht so geht wie bei Sarkozy, Hollande und jüngst Macron, soll der Forderung mit dem Hinweis Nachdruck verliehen werden, dass als *Plan B* auch die Option eines Austritts aus dem Euro in Erwägung gezogen werden könnte. Da Deutschland Hauptprofiteur der Gemeinschaftswährung ist, würde dies die Kompromissbereitschaft in Berlin deutlich erhöhen.

La France Insoumise hat in Hinblick auf die nächsten Wahlen zum Europaparlament mit dem spanischen Podemos und dem portugiesischen Bloque de Esquerda eine Allianz gebildet. In einer gemeinsamen Erklärung vom April 2018 heißt es u.a.: »Es ist an der Zeit, die Zwangsjacke europäischer Verträge zu durchbrechen, die Sparmaßnahmen erzwingen und Steuer- und Sozialdumping begünstigen.«[34]

Wie immer man diese verschiedenen Ansätze beurteilt, die deutsche Linke sollte sie prüfen und daraufhin durchdenken, was für sie davon brauchbar ist und was nicht.

## 5.8 Ansätze für eine gemeinsame Strategie

Umbruchzeiten erfordern Klärungsprozesse. Sie sind Zeiten erhöhten Diskussionsbedarfs. Die Meinungsverschiedenheiten unter den Teppich zu kehren, ist dann das Falscheste, was man machen kann. Auch hier gilt die Einsicht von Altmeister Hegel: »Der Widerspruch ist das Fortleitende.« Entscheidend ist dabei die politische Kultur im Umgang mit Widersprüchen. Fördert sie einen produktiven Prozess, der zu einer neuen Synthese führt, oder spaltet sie?

Als erstes gilt es, das Bewusstsein dafür zu schärfen, dass es trotz Ungewissheit und Meinungsverschiedenheiten noch mehr Gemeinsamkeiten gibt. Nicht nur bei grundlegenden Wertorientierungen, sondern auch auf europapolitischem Gebiet. Weiter

---

[34] lafranceinsoumise.fr/2018/04/13/signature-dune-declaration-commune-podemos-bloco-de-esquerda/.

oben wurde bereits auf TTIP und CETA, die Austeritätspolitik, Militarisierung oder die Ablehnung der Festung Europa etc. verwiesen. Das ist eine gute Grundlage, auch in Zukunft bei diesen Themen gemeinsame Kampagnen zu entwickeln. Die Erfahrung gemeinsamer Aktion entfaltet immer auch Bindewirkung.

Zweitens muss man begreiflich machen, dass in Zeiten der Ungewissheit die Selbstgewissheit von Pächtern der absoluten Wahrheit nur in Spaltung und Sektierertum enden kann. Die Geschichte der Linken liefert überreichlich Anschauungsmaterial dafür. Stattdessen sollten alle sich die zapatistische Parole zu Herzen nehmen: Fragend gehen wir voran!

Drittens besteht die Herausforderung darin, Differenzen auch mal eine Zeit lang aushalten zu können. Manche Probleme haben dilemmatorischen Charakter, das heißt, die Widersprüche können nicht ohne Weiteres in die eine oder die andere Richtung aufgelöst werden. Die Erkenntnis, dass es den Quickfix nicht gibt, ist der erste Schritt dazu, gemeinsam nach Lösungen zu suchen.

Schließlich müssen Räume oder Plattformen geschaffen werden, in denen über das Thema gesprochen werden kann, ohne den Zwang sich machtpolitisch durchsetzen, ohne eine Abstimmung oder eine Wahl gewinnen zu müssen. Es ermöglicht in Zeiten, die generell schwierig für emanzipatorische Politik sind, kontroverse Diskussion ohne gemeinsames Handeln zu blockieren.

# 6. Wie weiter mit der EU?

Die EU ist sowohl in ihrer Geschichte, als auch in ihrer aktuellen Verfasstheit eine zwiespältige Angelegenheit. Unter den späteren EU Staaten, die bis 1945 immer wieder gegeneinander Krieg geführt hatten, konnten kriegerische Auseinandersetzungen in den letzten sieben Jahrzehnten verhindert werden. Ein Friedensprojekt ist die EU deshalb keineswegs, wie nicht zuletzt die Aufrüstungsaktivitäten im Rahmen von PESCO zeigen. Im Bereich der Antidiskriminierung, in der Umweltpolitik und beim Datenschutz hat die EU durchaus Fortschritte gebracht. Im Bereich der Wirtschaftspolitik kann dies nicht gesagt werden. Hier hat sie dazu beigetragen, neoliberale Politiken zu verstärken und die Privatisierung öffentlicher Dienste zu forcieren.

Durch die im Jahr 2000 zwischen den Regierungschefs der EU-Mitgliedstaaten vereinbarte Lissabon-Strategie wurden Sozial- und Lohndumping gefördert. Die seit der Finanzkrise 2008 praktizierte Austeritätspolitik hat die Folgen der Krise vor allem auf die Bevölkerung der südeuropäischen Länder abgewälzt; in besonders rücksichtsloser Form geschah dies während der Griechenlandkrise durch die Troika, zulasten der lohnabhängigen griechischen Bevölkerung. Anstatt die Steuerpolitik in den Mitgliedsländern zu harmonisieren, hat die EU den Steuerdumpingwettbewerb eher gefördert. Die Entscheidung der Wettbewerbskommissarin Margrethe Vestager, dass Apple 13 Millionen Euro Steuern in Irland nachzahlen muss, ist erfreulich, kann aber nicht darüber hinwegtäuschen, dass die EU durch ihre Wettbewerbspolitik die Steuervermeidungsstrategien großer Konzerne unterstützt.

Eine andere Politik in Europa, in den Nationalstaaten und auch im Rahmen der EU ist also dringend nötig. Wir brauchen eine Abkehr von der neoliberalen Doktrin, die möglichst alle Bereiche des gesellschaftlichen Lebens dem Markt übergeben möchte. Nötig sind auf EU-Ebene Mindeststandards der sozialen Absicherung von Menschen mit und ohne Erwerbseinkommen sowie Mindestlöhne. Wir brauchen eine harmonisierte Steuerpolitik, die zumindest im Rahmen der EU eine länderübergreifende angemessene Besteuerung von global agierenden Konzernen möglich macht und Steuerdumping eindämmt. Und wir brauchen eine Klimapolitik, die nicht über marktorientierten Emissionshandel steuern will, sondern über Ge- und Verbote die Inwertsetzung und Zerstörung von Natur tatsächlich beendet. In keinem Politikbereich wurden die Defizite der EU und die nationalen Egoismen in den letzten beiden Jahren deutlicher, als beim Thema Flucht und Migration. Hier ist eine Politik vonnöten, die die Genfer Konvention umsetzt und eine europäische Einwanderungspolitik organisiert, statt an den Grenzen aufzurüsten. Dazu bedarf es einer solidarischen Lastenverteilung zwischen den Mitgliedstaaten und einer Abkehr von den Dublin-Vereinbarungen, die die Grenzländer die Hauptlast tragen lässt. Eine europäische Sicherheitspolitik muss zum einen Gesamteuropa und die Nachbarregionen mit einbeziehen und darf zum anderen nicht auf Militärinterventionen rund um den Globus ausgerichtet sein. Wir brauchen keine PESCO, sondern eine Wiederbelebung und Weiterentwicklung des OSZE-Prozesses.[35]

Neben einer anderen Politik braucht es andere institutionelle Formen in der EU. Dazu gehört eine stärkere Rolle des Europäischen Parlamentes, als einzigem Organ, in dem Wähler*innen direkt repräsentiert sind. Bei der Wahl zum Parlament sollten zunehmend nicht mehr nationale Parteien eine Rolle spielen, sondern europäische Listenverbindungen. Zudem wäre zu diskutieren, wie einerseits das demokratische Urprinzip zum Tragen kommen kann, dass jede Stimme gleichviel gilt, also jeder Parlamentssitz die gleiche Anzahl Wähler*innen vertritt und gleichzeitig die Interessen kleinerer Länder nicht untergehen. Das Europäische Parlament braucht eine tatsächliche Gesetzgebungskompetenz und Haushaltshoheit. Der Rat könnte in eine Nationenkammer umgewandelt werden. Der jetzt schon existie-

---

[35] Die OSZE (Organisation für Sicherheit und Zusammenarbeit in Europa) wurde nach dem Ende des Kalten Krieges als Nachfolgerin der KSZE (Konferenz für Sicherheit und Zusammenarbeit in Europa) gegründet, deren Ziel es war, einen institutionellen Rahmen für Entspannungspolitik im Kalten Krieg zu schaffen.

rende »Ausschuss der Regionen«, in dem die Bundesländer und entsprechende Gebietskörperschaften der anderen Mitgliedsländer vertreten sind, sollte aufgewertet werden. Zudem ist über die Ergänzung plebiszitärer Elemente nachzudenken.

Während die Konturen, wie eine andere EU aussehen sollte, relativ einfach zu bestimmen sind, ist es mit der Beschreibung möglicher Wege schon deutlich schwieriger. Nicht nur innerhalb der gesellschaftlichen Linken gibt es dazu sehr unterschiedliche Sichtweisen. Brauchen wir mehr EU, eine andere EU oder ist die EU vielleicht gar nicht veränderbar? Zwar hat die neoliberale Doktrin erste Schrammen bekommen und immer mehr Menschen sind skeptisch, dass der Kapitalismus alle ihre Probleme lösen kann. Trotzdem sind wir weit davon entfernt, eine emanzipatorische und soziale Gegenhegemonie zu schaffen. Hinzu kommt auf EU-Ebene das in den Verträgen eingeschriebene materielle Demokratiedefizit, das ihre neoliberale Grundorientierung gegen Veränderung nahezu immunisiert. Auf der anderen Seite lassen sich in einer globalisierten Welt grundlegende Veränderungen in wirtschaftspolitischen Fragen nicht mehr allein im lokalen, regionalen oder nationalen Rahmen umsetzen. Allenfalls große Ökonomien, wie die US-amerikanische oder die chinesische, sind in der Lage, eigenständig und ohne Kooperationspartner Trends zu setzen. Und die Klimafrage lässt sich ebenso wenig im nationalen Rahmen lösen, wie die Fragen, die die Migrationsbewegungen der letzten Jahre aufgeworfen haben. Nicht nur dies macht eine Demokratisierung und inhaltliche Neuausrichtung der EU notwendig. Ein Zerfall der EU – und dieser ist nicht auszuschließen, wenn die multiplen Krisen nicht produktiv bewältigt werden – würde keines der Probleme lösen, jedoch gleichzeitig nationalistische Tendenzen verstärken und die Kriegsgefahr eher steigern als reduzieren.

Häufig stehen sich in der Debatte um die EU zwei scheinbar unvereinbare Positionen gegenüber: Brauchen wir mehr Integration oder eher Desintegration? Die Frage ist allerdings falsch gestellt. Eine andere Wirtschaftspolitik auf EU-Ebene wird nur möglich sein, wenn es hier auch eine stärkere Integration gibt. Nur so wird sich eine gemeinsame Konjunktur- und Strukturpolitik entwickeln lassen. Mehr Integration ist ebenfalls in der Sozialpolitik erforderlich, um soziale Mindeststandards zu etablieren und auch in der Steuerpolitik, um Steuerdumping und Steuerflucht einzudämmen. Desintegration braucht es dagegen beispielsweise im Bereich der kommunalen Selbstverwaltung und beim Beihilferecht. Städte und Gemeinden sollen wieder selbst entscheiden können, welche öffentlichen Dienstleistungen sie in eigener Regie erbringen wollen, und ob sie in den Schulmensen nur regionale Lebensmittel anbieten oder nicht. Und nicht zuletzt brauchen wir Elemente einer europäischen Transferunion. Nur so lassen sich die Lebensverhältnisse innerhalb der EU angleichen und soziale Verwerfungen reduzieren.

Veränderung der EU und in den Nationalstaaten, wie wir sie uns wünschen, braucht zweifellos soziale und politische Bewegungen für eine andere Politik. Aber dies allein wird nicht reichen. Daraus müssen gesellschaftlicher Druck und andere politische Mehrheiten im nationalen und im EU-Rahmen entstehen. Die notwendige Abkehr von der neoliberalen Doktrin der EU erfordert deren Neugründung; dies wird allerdings nicht ohne eine Veränderung der bestehenden Verträge gehen. Insofern geht es dabei um mehr, als nur um veränderte politische Mehrheiten: Der erforderliche Bruch mit der neoliberalen Verfasstheit der EU und deren Neubegründung wird sich nicht im Einstimmigkeitsverfahren erzielen lassen. Beides ist nur denkbar in einem längeren Prozess sozialer und politischer Auseinandersetzungen, die vielfältige Aktionsformen haben können, und in deren Rahmen auch der partielle Bruch der Verträge mit Formen des Zivilen Ungehorsams notwendig sein wird.

Bisher ist es nicht gelungen, über sehr bescheidene Ansätze hinaus so etwas wie europäische soziale oder politische Bewegungen zu entfalten. Zwar gab es große Europäische Sozialforen und die Gewerkschaften sind inzwischen mehr oder weniger gut europaweit vernetzt. Im Rahmen der Proteste gegen TTIP und CETA hat sich im Rahmen der Europäischen Bürgerinititiative gegen CETA ansatzweise eine europäische Öffentlichkeit entwickelt. Es braucht immer konkrete Anlässe, damit sich Menschen in Bewegung setzen. Es gilt also Themen und Projekte zu identifizieren, die das Potenzial dafür haben, in den verschiedenen Mitgliedstaaten der EU Menschen gleichermaßen zu bewegen. Das kann sowohl die Frage nach mehr Mitsprache und Demokratie sein, aber auch die Forderung nach sozialer Absicherung, Klimagerechtigkeit oder einer menschlichen Migrationspolitik.

Geschichte ist ein offener Prozess und historische Entwicklungen sind immer nur im Nachhinein zu erklären. Allerdings ist die Offenheit nicht beliebig. Es gibt Pfadabhängigkeiten und daraus ergeben sich mögliche Entwicklungskorridore. Von einem bestimmten historischen Punkt aus gibt es nicht unendlich viele, sondern nur eine begrenzte Anzahl von Varianten, die eine Entwicklung nehmen kann. Im Falle der EU ist der Ausgangspunkt deren rechtliche und politische Verfasstheit, die aktuellen Konfliktlagen, die sie gestaltenden politischen und sozialen Kräfte sowie die ökonomischen Verhältnisse, die deren Verhältnis maßgeblich strukturieren. Als Besonderes kommt hinzu, dass die sozialen Verhältnisse durch die Rolle, die Nationalstaaten in der EU spielen, teilweise aus dem sozialen Feld ins nationale bzw. zwischenstaatliche Feld gehoben werden. Der gewerkschaftliche Kampf um Löhne und Arbeitsbedingungen wird umgedeutet in einen Wettbewerb zwischen Staaten um die Exportweltmeisterschaft, statt als soziale Auseinandersetzung zwischen Kapital und Arbeit gesehen zu werden. Der Konflikt um die Aufnahme von Geflüchteten in der EU wird in einen Streit transferiert, welches Land welche Kosten zu tragen hat. Und die Euro-Krise wird als Geschichte vom fleißigen Deutschland und vom faulen Griechenland erzählt, statt als Folge einer weltweiten Überakkumulationskrise und Anlagemöglichkeiten suchender Vermögen auf den internationalen Finanzmärkten.

Aktuell sind innerhalb der EU vor allem zwei Konflikte besonders virulent: Die Folgen der ökonomischen Ungleichgewichte zwischen den Mitgliedstaaten, die sich in der damit zusammenhängenden Austeritätspolitik ausdrücken, und die Konflikte um die Aufnahme von Geflüchteten, dabei vor allem die Verteilung der dabei entstehenden fiskalischen und politischen Kosten. Der erste Konflikt wäre auf mittlere Sicht dadurch zu entschärfen, dass die Währungsunion um eine zumindest partielle Sozial- und damit Transferunion ergänzt wird. Gleichzeitig müsste Konjunktur- und Strukturpolitik als Instrumentarium der Wirtschaftspolitik anerkannt und eingesetzt werden. Der zweite Konflikt wäre dadurch zu bearbeiten, dass das Dublin-Verfahren außer Kraft gesetzt wird und die finanziellen, sozialen und politischen Kosten der Integration von Geflüchteten innerhalb der EU gerecht verteilt werden.

Die beiden Konflikte haben das Potenzial, die EU zu sprengen. Zumal die EU-Institutionen, nicht zuletzt aufgrund der im zweiten Kapitel beschriebenen Demokratiedefizite, in einer Legitimationskrise stecken. Die Zukunft der EU ist also offen. Welche Szenarien lassen sich angesichts der aktuellen Situation und der gegebenen Kräfteverhältnisse denken?

*Die EU in der Dauerkrise*
Das wahrscheinlichste Szenario ist eine auf lange Dauer gestellte Krise der EU. Kurzfristige Lösungen sind deshalb nicht zu erwarten, weil die gesellschaftlichen Kräfte, die eine Weiterentwicklung der EU zu einer Sozial- und Transferunion mit einer aktiven Wirtschaftspolitik sowie einer humanitären Aufnahme von Geflüchteten mit einem solidarischen Ausgleich der Kosten dafür wollen, momentan nicht in der Lage sind, dies auch politisch durchzusetzen. Die Konfliktlagen werden also weiterhin ad-hoc notdürftig bearbeitet, aber nicht gelöst. Die Krise bleibt auf Dauer gestellt und die Zunahme autoritärer und rechtspopulistischer Parteien und Bewegungen in den Mitgliedsländern ist die wahrscheinliche Folge.

*Implosion der EU-Institutionen*
Es besteht daneben die Gefahr, dass es im Zuge einer sich zuspitzenden Krise, beispielsweise infolge einer neuen Krise auf den aufgeblähten Finanzmärkten, zu einer Implosion eines Teils der EU-Institutionen kommt und diese ihre Regelungsmacht verlieren, weil etwa die EZB die Kreditversorgung nicht mehr sicherstellen kann oder der Eurokurs ins Bodenlose sinkt. Diese Gefahr der Implosion ist deutlich unwahrscheinlicher als eine auf Dauer gestellte Krise, aber nicht gänzlich auszuschließen. Eine solche

Implosion würde aller historischen Erfahrung nach nicht friedlich ablaufen. Auch wenn die Sowjetunion oder Jugoslawien deutlich stärker integriert waren als die EU, geben ihre Zerfallsprozesse eine Ahnung davon, welche Destruktivkräfte in solchen Prozessen freigesetzt werden.

*Schleichende Desintegration im Rahmen der EU*
Der Brexit und auch die Weigerung Ungarns und anderer Staaten, sich an innerhalb der EU vereinbarte Regeln in Bezug auf Geflüchtete zu halten, kann als schleichender Desintegrationsprozess gewertet werden. Es ist nicht unwahrscheinlich, dass solche Prozesse auch entlang anderer Konfliktlinien zunehmen. Wie sehr dies geschehen wird, ist unter anderem davon abhängig, wie die ökonomische Entwicklung in Großbritannien nach dem Brexit verläuft und wie die EU auf Regelbrüche von Mitgliedstaaten auf Dauer reagieren wird.

*Neugründung der EU mit einem Nebeneinander an Integration und Desintegration*
Um die Probleme der EU zu lösen und auch ihre Legitimation auf ein gutes Fundament zu stellen, braucht es eine Neugründung. Diese müsste eine Revision der Verträge insbesondere in wirtschaftspolitischen Fragen beinhalten sowie eine Neujustierung der Zuständigkeiten von EU und Nationalstaaten, Regionen und Kommunen. Während beispielsweise in der Sozial- und Steuerpolitik eine stärkere Integration vonnöten ist, um in einer globalisierten Ökonomie politisch zu gestalten, müssten Bereiche wie das Beihilferecht in ihrer Regelungstiefe zurückgefahren werden, um die Gestaltungsfreiheit der Kommunen und Regionen zu stärken oder Konjunktur- und Strukturpolitik wieder effizienter gestalten zu können.

Auf dem Feld EU-Politik sind sehr unterschiedliche Akteure mit teils gemeinsamen, teils widersprüchlichen Interessen und sehr unterschiedlichen Durchsetzungsfähigkeiten aktiv. Die Lobbyvereinigung European Round-Table, die sich für eine Liberalisierung der Handelspolitik und für Privatisierung stark macht, verfügt über beträchtliche finanzielle Ressourcen und gute Zugänge zu Entscheidungsstrukturen innerhalb der EU. Das europaweite Bündnis gegen das Freihandelsabkommen CETA musste mit einem Bruchteil der Ressourcen auskommen und wurde zudem von den EU-Institutionen massiv behindert. Besonders bitter war die Erfahrung der griechischen Bevölkerung, die sich 2015 nahezu mit einer Zweidrittelmehrheit gegen die Austeritätspolitik der Troika ausgesprochen hatte, ihre Interessen aber gegen die Interessen der deutschen und französischen Banken und der deutschen Bundesregierung nicht durchsetzen konnte. Diese scheinbar so klare und eindeutige Verteilung der Macht darf aber nicht dafür blind machen, dass es grundsätzlich auch anders sein kann. Den vielen Initiativen, die sich gegen die Privatisierung der öffentlichen Wasserversorgung engagiert haben, ist es gelungen, so viel politischen Druck zu entwickeln, dass die EU-Richtlinie dazu nicht kam. Engagement kann also durchaus auch gegen einen schier übermächtigen Gegner zum Erfolg führen.

Ebenso wenig, wie die EU, die wir heute haben, in einem politischen Akt entstanden ist, wird sich ihre Neugründung in einem kurzen verdichteten Prozess entscheiden. Dazu bedarf es vielmehr einerseits der Vision, wie eine andere EU verfasst sein sollte und andererseits des politischen Drucks von verschiedenen Akteuren wie Gewerkschaften, zivilgesellschaftlichen Gruppen und Parteien zu unterschiedlichen Themen wie Soziale Sicherheit, Klima oder Demokratie. Durch den Druck kann ein Möglichkeitsraum für Veränderung eröffnet werden, in dem dann Strukturen grundlegend veränderbar sind. Ob es gelingt, ist davon abhängig, wie viele sich auf den Weg machen, die Veränderung zu versuchen und wie geschickt sie dabei sind, die richtigen Themen zu finden und erfolgreiche Bündnisse zu schmieden.

# Literatur

Anderson, Benedict (2005): Die Erfindung der Nation, Frankfurt a.M./New York.

Attac (Hrsg.) (2017): Entzauberte Union. Warum die EU nicht zu retten und ein Austritt keine Lösung ist, Wien.

Baberg, Manfred (2017): Identität und Identitätspolitik; theorieblog.attac.de/2017/03/identitaet-und-identitaetspolitik/.

BAMF (2005): Migration und Asyl in Zahlen 2005; www.bamf.de/SharedDocs/Anlagen/DE/Publikationen/Broschueren/broschuere-statistik-2005.pdf?__blob=publicationFile.

BAMF (2015): Migrationsbericht 2015; www.bamf.de/SharedDocs/Anlagen/DE/Publikationen/Migrationsberichte/migrationsbericht-2015.pdf?__blob=publicationFile.

Bieling, Hans-Jürgen (2014): Europäische Austeritätspolitik – Ein Beispiel für die Exekutivlastigkeit des europäischen Entscheidungsprozesses?; in: Deutschland & Europa, Heft 67.

Deppe, Frank (2013): Autoritärer Kapitalismus. Demokratie auf dem Prüfstand, Hamburg.

Deutscher Bundestag (2018), Wissenschaftliche Dienste: Völkerrechtliche Implikationen des amerikanisch-britisch- französischen Militärschlags vom 14. April 2018 gegen Chemiewaffeneinrichtungen in Syrien; www.bundestag.de/blob/551344/f8055ab0bba0ced333ebcd8478e74e4e/wd-2-048-18-pdf-data.pdf

EU-Kommission (1999): Aktionsplan für Finanzbinnenmarkt, europa.eu/rapid/press-release_IP-99-327_de.pdf.

Fisahn, Andreas (2014): Nur in guten Zeiten – Grenzen der EZB in der Krise und die Grundlagen der Europäischen Union, in: Rosa-Luxemburg-Stiftung (Hrsg.), Wider das Recht, Berlin.

Flassbeck, Heiner/Lapavitsas, Costas (2013):, Die systemische Krise des Euro – wahre Ursachen und effektive Therapien, Genf/London.

Grahl, John (2003): Finanzintegration und europäische Gesellschaft, in: Martin Beckmann/Hans-Jürgen Bieling/Frank Deppe (Hrsg.), »Euro-Kapitalismus« und globale politische Ökonomie, Hamburg.

Groeben, Hans von der/Schwarze, Jürgen/Hatje, Armin (2015): Europäisches Unionsrecht, 7. Auflage, Baden-Baden.

Habermas, Jürgen (1973): Legitimationsprobleme im Spätkapitalismus, Frankfurt a.M.

Hirsch, Joachim (1998):. Vom Sicherheitsstaat zum nationalen Wettbewerbsstaat: Gesellschaft, Staat und Politik im globalen Kapitalismus, Amsterdam/Berlin.

Hobsbawm, Eric (2005): Nationen und Nationalismus: Mythos und Realität seit 1870, Frankfurt a.M./New York.

Huffschmid, Jörg (1999): Politische Ökonomie der Finanzmärkte, Hamburg.

Juncker, Jean-Claude/Tusk, Donald/Dijsselbloem, Jerome/Draghi, Mario/Schulz, Martin (2015): Die Wirtschafts- und Währungsunion Europas vollenden, Brüssel; ec.europa.eu/priorities/sites/beta-political/files/5-presidents-report_de_0.pdf.

Kant, Immanuel (1795/2011): Zum ewigen Frieden. Kommentar von Oliver Eberl und Peter Niesen; Frankfurt a.M.; www.philosophiebuch.de/ewfried.htm.

Lemb, Wolfgang/Urban, Hans-Jürgen (2014):, Ist die Demokratie in Europa noch zu retten? Plädoyer für einen radikalen Pfadwechsel in der Europapolitik und der Europäischen Union, in: Annelie Buntenbach/Frank Bsirske/Andreas Keller/Wolfgang Lemp/Dietmar Schäfers/Hans-Jürgen Urban, Ist Europa noch zu retten? Analysen und Forderungen für eine offensive Europa-Politik. Supplement der Zeitschrift Sozialismus 4, Hamburg.

Lenin, W.I. (2015): »Über die Losung der Vereinigten Staaten von Europa«, in: Lenin Werke, Band 21, Seite 342-346; Berlin (DDR), 1972; online www.mlwerke.de/le/le21/le21_342.htm.

Luxemburg, Rosa (1911): Friedensutopien, in: Gesammelte Werke, Band 2, Berlin (DDR)1972, S. 491-504.

Manifest von Ventotene (1941): www.cvce.eu/obj/das_manifest_von_ventotene_1941-de-316aa96c-e7ff-4b9e-b43a-958e96afbecc.html.

Müller, Klaus-Peter (2007): Gemeinsamer EU-Finanzmarkt: Ein Weg mit vielen Etappen, in: Die Bank Nr. 4/März.

Nida-Rümelin, Julian/Weidenfeld, Werner (Hrsg.) (2007): Europäische Identität. Voraussetzungen und Strategien. München.

Pollak, Johannes/Slomski, Peter (2012): Das politische System der EU, Wien.

Rousseau, Jean-Jacques (1756/2012): Friedensschriften. Herausgegeben von Michael Köhler, Hamburg.

Scharpf, Fritz W. (2014): After the Crash: A Perspective on Multilevel European Democracy, MPIfG Discussion Paper 14/21, Max-Planck-Institut für Gesellschaftsforschung, Köln.

Trotzki, Leo (1923): Über die Aktualität der Parole »Vereinigte Staaten von Europa«, in: Prawda, Nr. 144, 30. Juni; online: www.marxists.org/deutsch/archiv/trotzki/1923/06/vse.htm.

Trotzki, Leo (1926): Europa und Amerika, VIII. Hat sich der Kapitalismus überlebt? www.marxists.org/deutsch/archiv/trotzki/1926/euramer/kap08.htm.

Varoufakis, Yanis (2017): Die ganze Geschichte. Meine Auseinandersetzung mit Europas Establishment, München.

Wahl, Peter (2017): Flexible Architektur, variable Geometrie, differentielle Integration. Ein emanzipatorischer Weg aus den Krisen der EU. In: Luxemburg. Gesellschaftsanalyse und linke Praxis; www.zeitschrift-luxemburg.de/flexible-architektur-variable-geometrie-differentielle-integration-ein-emanzipatorischer-weg-aus-den-krisen-der-eu/.

## Attac will

Es ist genug für alle da – wenn gerecht verteilt wird. Die Finanzmärkte brauchen demokratische Kontrolle. Hohe Sozial- und Umweltstandards müssen globalisiert werden. So genannte Entwicklungsländer müssen aus der Schuldenfalle befreit, ihr Mitspracherecht in den internationalen Institutionen gestärkt werden. Wir brauchen gerechten Handel, Demokratie und Menschenrechte, statt Freihandel und Vorrechte für Konzerne.
**Banken entmachten, Reichtum umverteilen, Demokratie erkämpfen!**

## Attacies

Attac hat in Deutschland inzwischen über 29.000 Mitglieder – und täglich werden es mehr. In rund 200 Gruppen, verteilt über die Republik, sind Attacies vor Ort aktiv. Weltweit mischen 100.000 Menschen in 50 Ländern bei Attac mit und sich ein – gegen die Ungerechtigkeiten der neoliberalen Globalisierung.

## Attaction

Attac braucht Aktion – um Raum zu schaffen für Diskussion, für Bewegung und um zu lernen. Dafür brauchen wir Unterstützung. Eine Mitgliedschaft, Beteiligung an unseren Akionen, Engagement in einer Attac-Gruppe oder eine Spende – all das stärkt Attac den Rücken. Und nur eine starke Bewegung bewegt.

**Attac Bundesbüro //** Münchener Str. 48 // 60329 Frankfurt/M.
Tel. 069-900 281-10 // Fax -99 // info@attac.de // www.attac.de

**Spendenkonto:** Attac Trägerverein e.V.
Kto.-Nr. 800 100 800 //
GLS Gemeinschaftsbank
BLZ 430 609 67
IBAN: DE57 43060967 0800100800
BIC: GENODEM 1 GLS

# VSA: Europadebatten

Klaus Busch/Joachim Bischoff/Hajo Funke
**Rechtspopulistische Zerstörung Europas?**
Wachsende politische Instabilität und die Möglichkeiten einer Kehrtwende
224 Seiten | € 16.80
ISBN 978-3-89965-778-4
Am Beispiel fünf europäischer Länder werden sozioökonomische, politische und kulturelle Faktoren des rechtspopulistischen Aufstiegs analysiert.

Tariq Ali/
Frank Bsirske/
Jeanne Chevalier/
Ulrike Guérot/
Andrea Ypsilanti u.a.
**Ein anderes Europa ist möglich**
Demokratisch, friedlich, ökologisch, feministisch, solidarisch
Herausgegeben von Attac
240 Seiten | € 16.80
ISBN 978-3-89965-844-6
Alle, die am Europa-Kongress im Oktober 2018 nicht teilnehmen oder nicht alle Veranstaltungen besuchen konnten, können nachlesen, worüber in Kassel diskutiert wurde.

**KrisenGlossar Europäische Union**
Länder, Institutionen, ein Krisen-ABC und Alternativen
AttacBasisTexte 55
128 Seiten | € 9.00
ISBN 978-3-89965-545-2
Wie stehen die Länder der EU heute da? Welche Institutionen prägen die EU? Viele neue Begriffe, die die Krise ins Alltagsleben gebracht hat: Bankenhaftung, Eurobonds, Troika, EMS, IWF, Transaktionssteuer... Gibt es zu den dahinter stehenden Konzepten Alternativen?

**VSA: Verlag**
St. Georgs Kirchhof 6
20099 Hamburg
Tel. 040/28 09 52 77-0
Fax -50 | E-Mail:
info@vsa-verlag.de

# www.vsa-verlag.de

# VSA: AttacBasisWissen

Isabelle Bourboulon
**Kommt der Finanz-Crash 2.0?**
Zehn Jahre nach der Lehman Pleite: Für ein Finanzsystem im Interesse der Vielen
AttacBasisTexte 53
80 Seiten | € 7.00
ISBN 978-3-89965-838-5
Zehn Jahre nach der Krise sind die Finanzmärkte wieder brandgefährlich. Woran liegt das? Was sind die Alternativen?

Andreas Fisahn
**Hinter verschlossenen Türen: Halbierte Demokratie?**
Autoritären Staat verhindern | Beteiligung erweitern
AttacBasisTexte 51
128 Seiten | € 9.00
ISBN 978-3-89965-756-2
Was ist Demokratie und warum befindet sie sich in einer Krise? Ist ein autoritärer Staat in Sicht? Oder kann mehr Demokratie geschaffen werden?

Thomas Eberhardt-Köster/Wolfgang Pohl/Mike Nagler u.a.
**Wohnen ist ein Menschenrecht**
Fortschrittliche Wohnungspolitik und was Kommunen dazu beitragen könnten
AttacBasisTexte 52
96 Seiten | € 7.00
ISBN 978-3-89965-820-0
Wohnen wird bald nur noch für Besserverdienende bezahlbar. Wie kann eine fortschrittliche Wohnungspolitik aussehen, die jeder/m das Recht auf Wohnen gewährt?

**VSA: Verlag**
St. Georgs Kirchhof 6
20099 Hamburg
Tel. 040/28 09 52 77-0
Fax -50 | E-Mail: info@vsa-verlag.de

# www.vsa-verlag.de